西山隆行
前嶋和弘
渡辺将人 著

混迷のアメリカを読みとく10の論点

慶應義塾大学出版会

混迷のアメリカを読みとく10の論点◇目次

序論　アメリカ政治の現在地

〈Part．1〉二大政党政治の現状と課題

1．大統領選挙・連邦議会選挙はなぜ重要か

選挙のあらまし

アメリカの連邦政府の選挙は原則として偶数年一一月の第一月曜日の翌日、すなわち一一月二日から八日の中で火曜日に当たる日に行われることになっている。大統領選挙は、四年に一度、オリンピックと同じ年に行われ、アメリカのみならず世界中で注目の的となっている。

連邦議会は上院と下院の二つからなっている。上院議員は全五〇州にそれぞれ二人ずつ割り当てられているため全体で一〇〇人となり、任期は六年である。そして、三三人、三三人、三四人というサイクルで

二年ごとに改選される。二〇二四年七月現在、現職議員の構成は民主党系が五一、共和党が四八であり、二〇二四年は通例の三三に、補欠選挙二つを加えて、三五が改選される（バーニー・サンダースなど、無所属ながらも民主党と行動を共にしている議員が存在するため、民主党については民主党系という表現を使う。以下同様）。通常の改選部分である三三の現職の内訳は、民主党系が二三、共和党が一〇である。二〇二四年に改選される三三名が当選した六年前の二〇一八年の中間選挙は、二〇一六年の大統領選挙で勝利したドナルド・トランプ大統領に対する反発もあり、民主党系が優勢となった。二〇二四年には民主党の上積みは考えにくく、上院は共和党が多数になる可能性が高いと言われている。

下院は全五〇州を四三五の選挙区に分け、全員が改選される。二〇二二年の中間選挙の直後には共和党が二二二、民主党が二一三となっていたが、現状は二一八、二一三となっている。二〇二四年選挙は引退表明した現職議員が多いので、全体的に競っている。

大統領選挙の結果が世界に及ぼす影響

大統領選挙と連邦議会選挙の結果は、日本を含む世界にとって重要な意味を持つ。それは第一に、大統領選挙の結果によって政権の政策方針が大きく変わるからである。アメリカでは大統領が変わるたびに政策方針が大きく変わることがあり、日本をはじめとする多くの国に混乱をもたらしている。

民主党のバラク・オバマ政権は、環境保護のためのパリ協定を締結し、自由貿易を推進するために環太平洋パートナーシップ協定（ＴＰＰ）を実施する方針を出して日本などと行政協定を結んだ。しかし、二〇一六年の大統領選挙で勝利した共和党のトランプ大統領は、就任直後に大統領令でパリ協定からの離脱とTPPの撤回を表明して、多くの国を混乱に陥れた。そして二〇二〇年の大統領選挙で勝利した民主党のジョー・バイデン大統領は、TPPには戻らなかったがパリ協定には復帰した。アメリカの対外政策の中でも、条約の場合（すなわち、大統領が締結した後に連邦議会上院が承認した場合）には政権が交代しても放棄されることはないが、行政協定や大統領令で政策変更がなされた場合には、大統領が代わると方針が完全に変わることがあるのである。

アメリカは、一七八七年に制定された合衆国憲法が今でも使われているなど、政治の長期的な安定性は高い。その一方で、短期的には大規模な変動が発生する可能性がある。その一つの理由は、大統領の政党が変わると、政策に大きな影響を及ぼす可能性のある重要な地位にある官僚が大幅に入れ替わることである。日本では政権交代が起こった場合でも政策に必ずしも大きな変化が起きないが、それは法律の作成が大半の場合役人に委ねられているからである。日本の役人の中には、閣僚の方針を否定するだけの威信と権威を持つ人もいる。これに対し、アメリカの場合は、政策に影響を及ぼす可能性のある役人のポストは、ほぼすべて大統領が指名することになっている（上院の承認が必要なポストもある）。ランクの高い人を中心に入れ替えられるため、大統領の方針に従って政策が実施されるようになるのである。

現在では、アメリカの二大政党間の政策上の差異が非常に大きいため、大統領の交代が重要な政策変更につながるのである。

統一政府か分割政府か

大統領選挙と連邦議会選挙が重要な二つ目の理由は、行政部門と立法部門の構成がどうなるかによって、政治の混乱度が変わるからである。

アメリカは大統領制の国であって議院内閣制の国ではない。議院内閣制を採用する日本では、行政部の長たる首相は国会議員の中から国会議員によって選ばれている。そして、内閣の構成員の半数以上は国会議員でなければならない。議院内閣制は行政部門と立法部門の権力の融合を特徴としている。

これに対して、アメリカでは、行政部の長たる大統領は、国民から選ばれる仕組みになっており（正確には後述するように大統領選挙人によって選ばれるという間接選挙の仕組みを採用している）、連邦議会議員によって選ばれるわけではない。そして、大統領のみならず閣僚も、連邦議会議員との兼職が禁じられている（副大統領は連邦議会上院の議長を兼ねることになっているが、重要な役割を果たすことは基本的にない）。このように、アメリカの場合は行政部門（大統領）と立法部門（連邦議会）が機構として明確に分離しており、互いに抑制と均衡の上に立っている。アメリカの大統領制は権力分立を体現しているのである。

アメリカでは法律を成立させるためには、連邦議会の上下両院で同一内容の法案を通した後に、大統領の署名を得る必要がある。日本では、上院（参議院）と下院（衆議院）の多数党が異なるねじれ国会が発生した際には、法律がほとんど成立しなくなってしまった。アメリカの場合は、仮に議会の上下両院が一致している場合でも、大統領の所属政党が異なる可能性もある。大統領の所属政党と、上院多数党、下院多数党がすべて一致する状態を「統一政府」といい、一つでも違っている場合を「分割政府」と呼ぶ。

二〇〇八年以降を見ると、アメリカで統一政府の時代は、オバマ政権の最初の二年、トランプ政権の最初の二年、バイデン政権の最初の二年だけであり、それ以外は分割政府の状態となっている。アメリカでは、分割政府であることが一般的なこともあり、重要法案の成立数は分割政府の時期と統一政府の時期でほとんど変わらないというのが長らく一般的な理解であった。アメリカでは党議拘束がないことから、重要法案については超党派的な投票がなされると想定されてきた。実際、オバマ政権で、大統領が民主党で上院多数党が民主党、下院多数党が共和党だった時期を見てみると、年平均二八〇本ほどの法案が通過していた。

だが、二〇二三年は、大統領の所属政党と連邦議会上下両院の多数党の組み合わせが前述のオバマ政権期と同じであるにもかかわらず、一年間で通過した法律はたったの三〇本という異常事態となった。二〇二四年の本書執筆時点（七月）でも重要法案はほとんど通っていない。これまでならば、大統領選挙、連邦議会選挙の前には、大統領も連邦議会議員も重要法案を通したという功績を示すため、重要法案を通そうとする傾向があった。だが、現在は二大政党（とりわけ共和党）は他党との違いを示すことを重視する観点から、超党派的な立法を行うことを拒否している。

近年では、分割政府の状態になると暫定予算も通らずに連邦政府が一時閉鎖するという事態が何度も発生している。アメリカでは予算も法律として作ることになっているため、連邦議会上下両院で同一内容のものを通し、大統領が承認して初めて通過する。トランプ政権の時には、共和党多数議会が通した予算案にトランプ大統領が拒否権を発動した結果、共和党による統一政府下であるにもかかわらず予算が通過せずに連邦政府が一時閉鎖するという前代未聞の事態も発生した。とはいえ、統一政府の時の方が分割政府の時よりも予算も法律も通りやすいのである。

このようなことを考えると、大統領選挙と連邦議会選挙の結果がどのようになるかによって、連邦政府が膠着状況に陥るのか、少なくとも暫定予算程度は成立するのか否かが変わってくる。大統領選挙、連邦議会選挙に注目が集まるゆえんである。

分断と党派対立

大統領選挙や連邦議会選挙の結果が政治過程に大きな影響を及ぼす背景には、二大政党の対立がある。それは、今日のアメリカの政治・社会の分断と、二大政党間で勢力が均衡していることと、密接に関わっている。

伝統的にアメリカでは、政党規律が弱く、党主流派の方針に従わずに行動する政治家が多いとされてきた。これは大統領制の仕組みに起因するところもある。議院内閣制を採用する日本では、首相が失態を犯した場合には、首相を選出した国会、とりわけ与党にも責任がある（議院内閣制の場合、行政部門と立法部門の両方を支配している立法部門の多数党を与党と呼ぶ）。そのため、与党は首相を支える必要があることから、首相の方針に従って党議拘束がかけられるのが一般的である。他方、大統領制の場合は、議会が大統領を選んだわけではなく、大統領と連邦議会は互いに抑制と均衡の関係にあるため、政権党の議員も大統領を支える必要はない。そもそも、連邦議会議員も大統領も選挙区ごとに行われる予備選挙で党の候補の座を勝ち取っているので、党指導部から自律的に行動することもできる。アメリカでは、政権党の議員であっても、党議拘束をかけられることは想定されていないのである。

だが、近年では、二大政党の政党規律は非常に強くなりつつある。二大政党の対立が激化している背景には、二大政党間の勢力が均衡していることがある。民主党が優勢だった時代には、党指導部の方針に従わなくても大丈夫だと考える民主党議員や、民主党が提案する法案がどうせ通るのであればそれに協力しようと考える共和党議員が存在した。だが、今日のように二大政党の勢力が均衡し、選挙でどちらが勝つかわからない状況になると、二大政党の政治家は自党と他党の違いを示そうとするとともに、相手方に功績を与えないようにする。その結果、党主流派が対決方針を示すと、それに基づいて行動するのである。

その大きな背景には、しばしば「二つのアメリカ」と呼ばれるほどの激しい分断状況がある。民主党を支持する左派的・リベラルな地域と、共和党を支持している右派的・保守的な地域に分断されている。民主党は東海岸と西海岸では強いのに対し、共和党は南部で優勢である。

政党規律の強まり

近年のアメリカ政治の政党規律の強まりと分断状況を、データで確認することにしよう。

図1は、上が下院、下が上院で、連邦議会議員の法案に対する賛否がどの程度一致しているかを示したものである。例えば下院については、共和党は一九七〇年代には一致度は六〇%、民主党も一九七〇年や七二年には五八%しかなかった。上院も同様で、民主党の一致度は一九六八年には五一%しかなく、共和党も一九七〇年の一致度は五六%であった。日本流の表現を用いるならば、一九六〇年代、七〇年代にはだいたい四割以上は造反するのが常識だったのである。

だが、最近では、二大政党ともに九割近くの人の賛否が一致するようになっている。下院では、共和党は二〇一六年と二〇二一年に九三%が一致し、民主党は二〇二一年には九八%が一致している。上院では共和党は二〇一七年に九七%、民主党も二〇二一年に九七%となっている。かつてのアメリカでは四割ぐ

図１　政党規律の変化（法案に対する一致度）

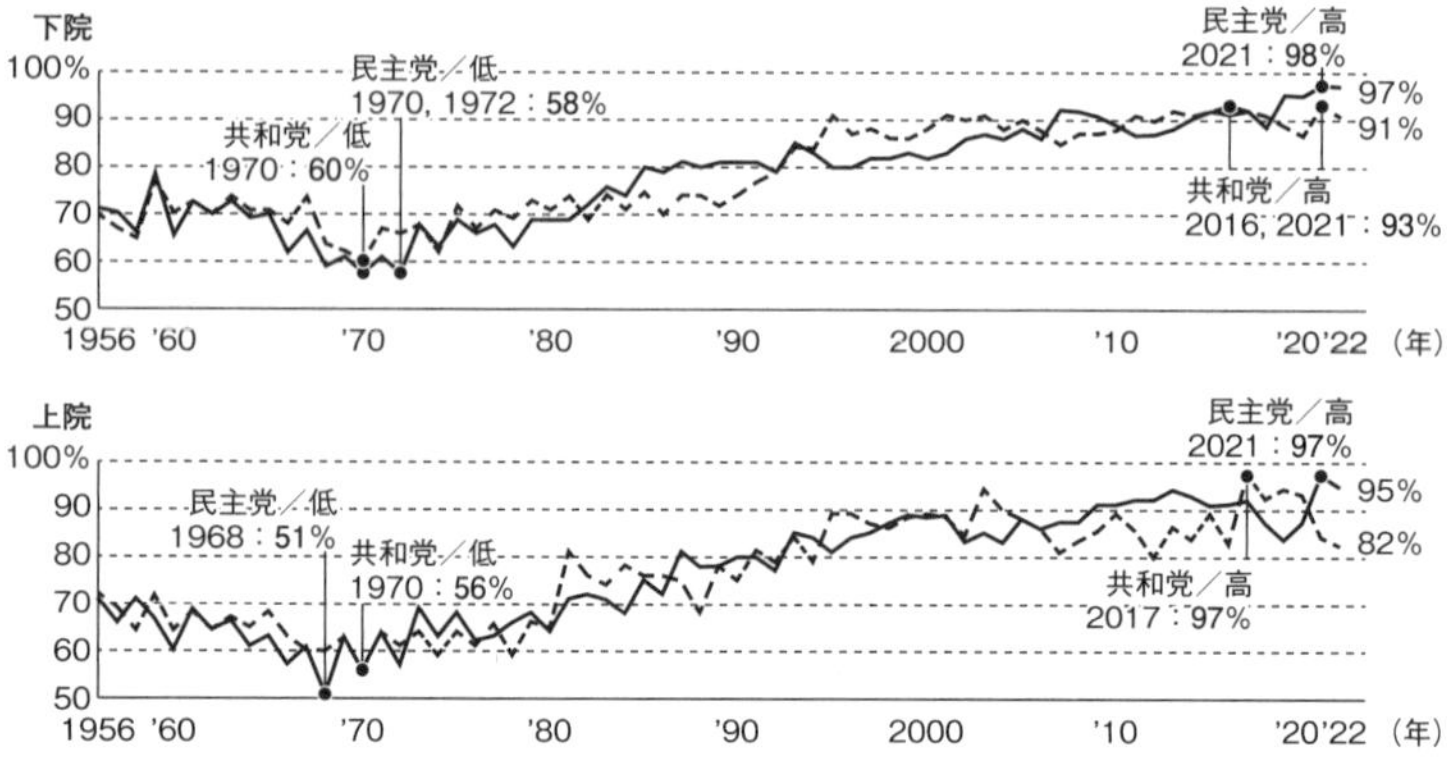

出典：Ryan Kelly/ CQ Roll Call, 2024

らいの人が政党の方針に従わずに行動したため、結果的に超党派的な立法が可能になっており、分割政府の状態でも予算も法律も通っていた。しかし、最近では党指導部の方針に九割ぐらいの人が従っているため、分割政府になれば法案も予算も通らなくなってしまっているのである。

また、図2について、上はトランプ大統領、下はバイデン大統領に対する党派別の支持率を示したものである。図に記されている通り、トランプ大統領への支持率は、共和党支持者の間では一番低くても七七％、高ければ九四％であり、共和党支持者にとってトランプは素晴らしい大統領だということになる。他方、トランプ政権に対する民主党支持者の支持率は、一番高い時でも一三％、低い時には三％であり、民主党支持者からすればトランプは最悪な大統領ということになる。これに対して、バイデン政権に対する民主党支持者の支持率は高いのに対し、共和党支持者の支持率は約一一％と低い。

このように、大統領への支持は党派的に分かれており、自分の支持する政党の人が大統領になれば大統領を高く評価す

図2
トランプ大統領に対する党派別支持率

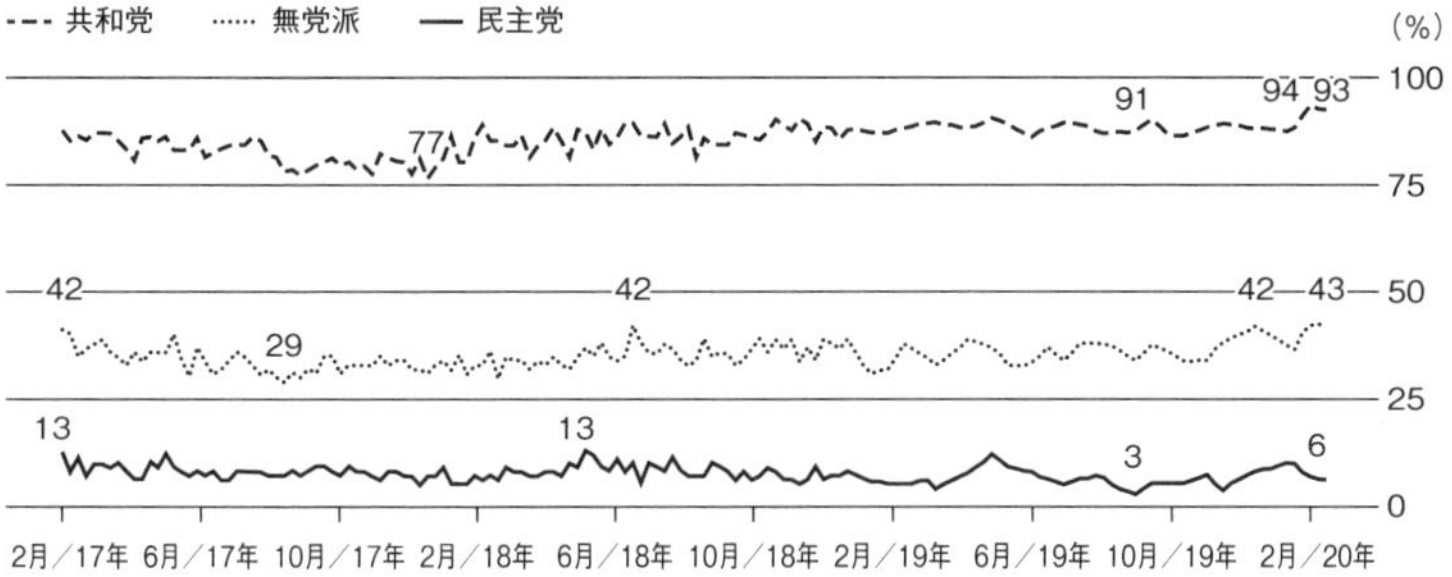

バイデン大統領に対する党派別支持率

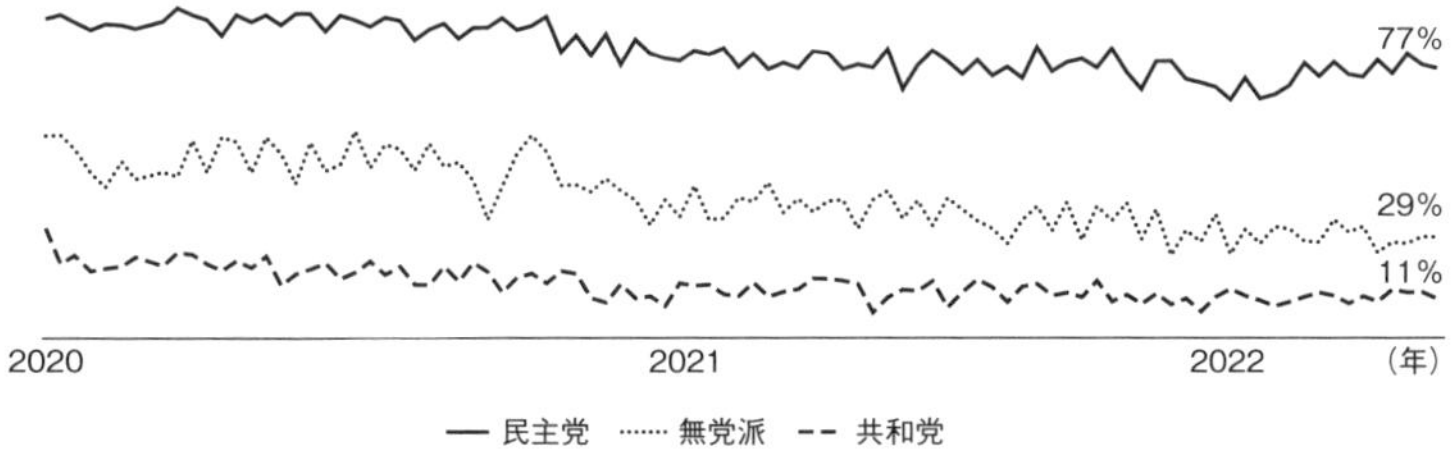

出典：GALLUP, 2024

る一方で、他政党の人が大統領になればそれを酷評するのである。このような分断は、政治家の次元で起こったものが有権者にも拡大したものだという理解が一般的ではある。とはいえ、有権者がそのような態度をとっている状況では、政治家も同様の態度をとる以外の選択肢がなくなり、分断が深刻化するスパイラルとなっているのである。

2. アメリカの二大政党の特徴

なぜ二大政党制なのか

アメリカ政治は、民主党と共和党の二大政党間の駆け引きによって展開している。そもそも、アメリカが二大政党制の国になっているのには、一八世紀から小選挙区制であったことと大統領選挙が大きな意味を持っている。

アメリカは国としての歴史はヨーロッパ諸国と比べると浅いが、選挙は一八世紀という早い時期から行っている。アメリカにせよイギリスにせよ、古くから選挙政治を実施している国の選挙制度は小選挙区制である。一つの選挙区の中から複数の当選者を出す比例代表制を導入するためには、選挙区を大きくする必要がある。だが、車も電車もない時代に選挙区を大きくすると、候補が選挙区内を回るのも容易でないし、投票用紙を盗まれたりする危険も増大する。そのため、古くから選挙政治を導入している国では、小選挙区制が採用される傾向があった。

小選挙区制のもとでは、各選挙区における政党の数は二以下に収斂する可能性が高い。第三党以下の小政党は議席獲得が困難なことに加えて、有権者は自分の票を生かすために当選可能性のある大政党の候補に投票する傾向があるためである。アメリカでは全国一律で大統領選挙を行っており、大統領選挙は重要だと認識されていることもあって、大統領選挙と同じ二つの政党が連邦議会選挙や州以下の選挙の際にも有力となったため、全国的に二大政党が有力になっていったのである。

綱領を持たない地域政党の連合体

一八六〇年の大統領選挙で共和党のエイブラハム・リンカンが大統領に当選して以降、アメリカの二大政党は民主党と共和党である。今日、民主党がリベラルな政党、共和党が保守の政党だと説明されている。今日のアメリカでは、自分のことを保守ともリベラルとも評さない人が一番多いが、保守を自認する人は三六%、リベラルを自認する人は二五%程度である。

では、保守とリベラルとは何を意味するのだろうか。実は、アメリカにおける保守とリベラルを体系的なイデオロギーとして説明するのは、おそらく適切ではない。アメリカの政党は、党の基本方針を示す綱領を持っていない。また、二大政党の政党指導部は選挙に際して候補者指名権を持っていない。大統領選挙でも連邦議会選挙でも、選挙区ごとに予備選挙や党員集会が行われ、そこで勝利した人が党の候補者になる仕組みをとっている。二〇一六年の大統領選挙では、多くの人の予想に反してトランプが共和党の候補になり、大統領選挙も勝利した。だが実は、トランプは共和党指導部が全く望んでいない人物だった。

また、アメリカの地域的な多様性が、政党の性格をより複雑にしている。アメリカは本土だけでも面積が日本の二五倍あり、北はカナダに、南はメキシコに接している。地域によって気候も産業構造も明確に異なるため、同じ政党名を冠していても政治家が重視する問題が地域ごとに全く異なる場合もある。二大政党は、実質的には、異なる性格を持つ地域政党の連合体なのである。

リベラルな民主党

ではアメリカではなぜ、民主党がリベラルな政党、共和党が保守の政党と呼ばれているのだろうか。それには歴史的な経緯がある。

民主党がリベラルを名乗り始めたのは、フランクリン・ローズヴェルト政権期である。一九二九年に始まった大恐慌に対し、共和党のハーバート・フーヴァー大統領は有効な策をとることができなかった。一九三二年大統領選挙で勝利したローズヴェルトはニューディール政策を実施すると宣言し、それまで連邦政府が行ってこなかった公共事業や、困窮者を支援するための社会立法を行った。このローズヴェルト政権を支えた人々がリベラルを自称し始めたことが、民主党＝リベラルという認識が持たれるようになったきっかけである。その意味では、リベラルとは労働者の利益を重視し、公共事業や社会福祉政策の拡充を行う立場ということになるだろう。

だが、リベラルという言葉の意味は徐々に変わっていく。大統領は二期八年で辞めるという慣例を打ち破って、ローズヴェルトは一二年間大統領を務めたが、その間に第二次世界大戦が発生した。ヨーロッパやアジアが消耗戦を繰り広げるなか、アメリカには戦争特需がもたらされ、戦後も経済的繁栄の時代が続いた。経済成長が一九七〇年代まで続くなか、連邦議会選挙でも民主党が優位に立つ状況が続いた。このようななかで、さまざまな利益・関心の実現を目指そうとする利益集団が民主党と関係を深めようとするのは当然だった。

とりわけ一九六〇年代に「偉大な社会」やニューポリティクスと呼ばれる政治運動が活発になり、それまであまり重視されていなかった、女性や性的少数派の権利、黒人や移民などマイノリティの権利、環境問題などが重視されるようになると、それら団体は選挙で勝ち馬に乗るべく民主党陣営に加わり、自分たちもリベラルだと自称するようになった。

かくして、自称リベラル派が拡大したが、さまざまな団体が追求する政策には対立が存在した。例えば労働者の利益と移民の利益は対立する。アメリカは毎年多くの移民を受け入れているが、移民の中でも社会経済的地位の低い人々は、安価な賃金でもよいので雇用してほしいと希望する。そのような人と、賃上げを求める労働組合の人々の折り合いが悪いのは当然だろう。かくして、自称リベラルが増えていくなかで、リベラルという言葉の意味が不明確になっていく。また、自称リベラル派同士の対立も発生するようになったのである。

保守の共和党

では保守の共和党とはどのような政党であろうか。一般的に保守派は、過去に立ち返るべき素晴らしい何かがあるとして、その原則や理念を重視することを主張する。アメリカで立ち返るべき、最も古い過去は、独立宣言か合衆国憲法だろう。だが、独立宣言と合衆国憲法に掲げられた理念、例えば自由や平等、法の支配などは、保守派だけではなくリベラル派も含めて全アメリカ国民が尊重すべきと考えるものである。アメリカの保守を思想的な理念で説明するのは難しいのである。

そして、共和党に参集する人々は、第二次大戦後に優位に立っていた民主党と、そこに集まった集団が掲げる理念に反発を感じる人々であり、彼らが自らのことを保守と呼んだのである。彼らの中には反動的な人も存在するが、例えば女性の権利を認めるにしても行き過ぎはよくないとか、黒人の権利を認めるにしても逆差別は好ましくないというような人が中心である（むしろ、初期に保守派の大同団結を狙って活動していた人々は、反動主義者を仲間に入れないように注意していた）。このように、共和党も党に集まった人が保守を自称するようになった面があるため、そこでいう保守とは必ずしも思想的な説明には適さないのである。このように、アメリカの二大政党はともに、必ずしも理念を中心としているわけではない、寄り合い所帯なのである。

党内対立

今日、アメリカの二大政党はともに深刻な内部対立を抱えている。

民主党内部には、穏健派と左派の対立が存在する。バイデンは穏健派であるのに対し、左派には活動家タイプの人も多く、経済左派、アイデンティティ重視派、環境問題重視派などさまざまなタイプの人がいる。例えば経済左派にはバーニー・サンダースがいて、経済格差の是正を掲げて、時に社会主義革命が必要だということもある（ただしサンダースが理想とする「社会主義国」はデンマークなので、一般的に言うところの社会民主主義が想定されている）。また、アイデンティティ重視派には、人種差別問題を重視する活動家、フェミニストやＬＧＢＴＱの権利を重視する人などがいる。

民主党左派は、しばしば単一争点を志向する傾向が強く、協調的ではないこともある。例えば経済左派とアイデンティティ重視派の間に完全な信頼関係があるとはいえそうにない。民主党は利益集団の集合体としての性格が非常に強いのである。

他方、共和党については、トランプ以前に党を象徴するとされたのは、一九八〇年の大統領選挙で勝利したロナルド・レーガンだった。レーガン政権は三つの保守派によって支えられていた。小さな政府を掲げる財政的保守、キリスト教倫理に基づいて人工妊娠中絶や同性婚の禁止を訴える社会的保守、強いアメリカを掲げる軍事的保守である。もともと、この三つの保守主義も、例えば軍事的保守が求める軍事予算拡大に財政的保守派が反発するなど、内部で折り合いは悪かった。共和党は民主党が優位に立つ時代には民主党政権打破を目指して一致団結することができていたが、大統領職のみならず連邦議会でも権力を握るようになると、内部対立が目立つようになってきた。

そこにさらに、二〇一六年大統領選挙以降、トランプ派が加わったのである。トランプは、減税は提唱するものの、国境の壁建設に代表されるように公共事業の実施にも積極的なので、財政的保守派とは相いれない面がある。多くの女性スキャンダルを抱えていることから、社会的保守派とも折り合いが悪い。対外関与に消極的なところも、軍事的保守派から信頼されるとは言えない。このように、もともと折り合いが悪かった共和党の中に、トランプ的要素が加わることで、共和党の性格はよりわかりにくいものになったのである。

どちらが労働者の政党か？

二〇二四年大統領選挙がアメリカの政党政治にとって重要な意味を持つもう一つの理由は、労働者が二大政党のどちらを支持するかという問題が存在するからである。もともと、民主党が、ニューディール的な社会政策を重視し、公共事業を実施する労働者の政党だった。それに反発を感じるビジネス界の人々が、共和党に集まっていた。

しかし、リチャード・ニクソン大統領がいわゆる南部戦略を展開して以降、共和党は白人労働者層の票を民主党から奪おうと試みてきた。そして二〇一六年大統領選挙では、かつて製造業が優勢だったラストベルトと呼ばれる地域に居住する白人労働者層が共和党に投票するようになった。その結果、共和党が労働者の政党で民主党は金持ちの政党だという、多くの人のイメージが逆転する状況が生まれたのである。

これに対し、二〇二〇年大統領選挙では、労働組合と関わりの深い民主党のバイデン大統領が、白人労働者の票を一部奪い返した。二〇二四年大統領選挙でも、二大政党ともに白人労働者の支持を集めようと躍起になっており、それが二大政党の性格を変える可能性もあるだろう。

党内極端主義者の影響力

これまで述べてきたように、アメリカの二大政党はともに大きな内部対立を抱えている。そして、政治的な分断の強まりを受けて二大政党も対立が激化して政党規律が強くなっている。このような状況になると、二大政党のいずれかが主導して法案を通そうとしても、他党の政治家から協力が得られる見込みは非常に小さくなってしまう。

その結果として、二大政党の勢力が均衡する状況では、立法を主導する人々は自党の議員すべての支持を確保しなければ法案が通らないという状態になってしまう。二大政党はともに極端な立場をとる人々を抱えているが、法案を通そうとすれば、民主党は左派の、共和党はトランプ派の支持を獲得するために、彼らの意向をある程度踏まえなければならなくなる。これは、ある程度極端な性格を持つものでないと法案が通らないということを意味しており、アメリカ政治にとって大きな問題となっている。

3. ポピュリズムの影響

バイデンとトランプは、正反対と言ってよいような経歴の持ち主である。バイデンは一九七〇年代から連邦議会議員を務めていて、上院司法委員長、上院外交委員長の要職を歴任し、オバマ政権の副大統領を務めた。これに対しトランプは、不動産業とテレビ業界で財を成した人物であり、二〇一六年大統領選挙で勝利するまで政治経験も軍歴もない人物だった。いうなれば、バイデンがワシントン政治の究極のインサイダーであるのに対し、トランプは完全なアウトサイダーだったのである。

近年のアメリカ政治にとっての最大の衝撃が、二〇一六年大統領選挙でのトランプの勝利だったことは間違いないが、彼のようなアウトサイダー候補が当選した背景に、政治不信がアメリカ国民の中で非常に強くなっていたことがある。国民が政治を大きく変えてほしいと期待しているがゆえに、トランプのようなアウトサイダーを選んだと考えられるだろう。

第2章で詳述するように、アメリカにおける統治機構に対する信頼度は低下している。統治機構に対する信頼度は一九六〇年代には七〇%以上あったが大きく下がっていき、トランプが大統領に選ばれた時期には二〇%を下回っていた。だが、トランプ政権が誕生する前の時点でも、大統領に対する支持率は五〇%程度あった。これに対し、連邦議会に対する支持率は大統領に対する支持率より明らかに低く、トランプが選ばれる前は一五%程度であった。統治機構に対する信頼度を引き下げているのは、連邦議会である可能性が高いのである。

国民は政治に対する変革を期待するが、興味深いことに、選挙をやれば連邦議会の現職はほぼ必ず勝ち、とりわけ下院議員の再選率は九五％を超えている（なぜそのようなことが起こるかは第2章で検討する）。このように、国民の多くが連邦議会のあり方を変えてほしいと思っているにもかかわらず、選挙ではそれが不可能だとなると、政治のあり方を変えてくれる可能性があるのは大統領だということになる。かくして、大統領に対して変革を求める声が非常に強くなるのである。

これは、最近大統領に選ばれている人たちの属性を見ても明らかである。かつて大統領になった人の前歴は、連邦議会の上院議員が多かった。だが、最近では上院議員経験者で大統領になったのはオバマとバイデンぐらいしかいない。ジミー・カーター以降の大統領の大半は州知事出身者である。

そのきっかけとなったのは、ニクソン大統領が起こしたウォーターゲート事件だった。ニクソンはドワイト・アイゼンハワー政権の副大統領を務めた人物だったが、大統領就任後、再選のために民主党の本部があるウォーターゲート・ビルに盗聴器を仕掛けさせようと工作員を派遣した。それが発覚してニクソンは大統領を辞任したが、この事件が、連邦政界のインサイダーに対する不信を強めたのである。

以後の大統領を見ると、カーターはジョージア州、レーガンはカリフォルニア州、ビル・クリントンはアーカンソー州、ジョージ・W・ブッシュはテキサス州の州知事であり、ワシントン政界のインサイダーと言えるのは、レーガン政権期の副大統領であり、中央情報局（CIA）長官や国連大使を歴任したジョージ・H・W・ブッシュぐらいだった。オバマは短期間連邦議会上院議員を務めたが、大統領選挙の数年前まで全く無名であったこともあり、彼がインサイダーだと思っていた人はいなかった。その後の大統領が、政治経験も軍歴もないトランプである。

アメリカ国民の中で連邦政界に対する不信が強まっていき、ワシントン政治の常識に染まっていないアウトサイダーに期待する状況が行き着くところまで行き着いた結果がトランプだったのである。だが、さすがにこれはやりすぎだという認識のもと逆ぶれして選ばれたのがバイデンだったといえるだろう。

二〇二四年大統領選挙は、バイデンが候補を辞退したため、カマラ・ハリス対トランプという構図になった。この選挙では、ワシントン政治のかつてのアウトサイダーに再び政治を託すことの是非が問われているといえよう。

対外政策の変容

アメリカは冷戦終焉後、唯一の超大国として、世界秩序の形成を模索してきた。アメリカは自らをリベラル国際主義の盟主と位置づけ、国際秩序を形成し、維持するために重要な役割を担う意思を示し続けてきた。自由貿易を推進するためのルールや枠組みを構築したり、国際紛争が発生した場合には兵力を派遣したりするなど、さまざまな国際公共財を提供してきた。外交エリートの間では、世界におけるアメリカの地位を向上させることが重要であり、自由、民主主義、人権、法の支配などの規範を世界に広めたり、世界の警察官としてふるまうことはアメリカの責務であるという認識が、超党派的なコンセンサスとして共有されてきたのである。

だが、トランプ政権はアメリカの外交政策を大きく変化させた。外交はエリートが扱う領域だという前提を覆し、ポピュリストと呼ばれる人々が政権の中で重要なポストを占めるようになった結果、外交の性格が変化したのである。トランプ大統領が掲げた外交原則は「アメリカ・ファースト」であり、アメリカの国益を最優先する姿勢が明確に示されるようになった。

そのような動きを、外交通を自称してきたバイデンも無視することはできなくなった。大統領となったバイデンは、中間層の利益を守ることが外交政策の基本だとして、中間層外交を掲げるに至った。この背景には、世論の動きもある。二〇二一年二月にピューリサーチセンターが行った世論調査によると、アメリカ国民が外交政策上の最優先課題として選んだのは、驚くべきことに雇用であった。テロや大量破壊兵器、軍事的優位性よりも、国内の雇用を外交政策の優先課題とするべきだという経済ナショナリズムが高まっているのである。

このようにアメリカの外交は、かつてとは大きく変わっている。国内の雇用を重視して保護貿易の立場をとり、財政支出を伴わずに経済制裁を実施することについては、超党派的な賛同が得られる可能性が高いだろう。また、中国脅威論も超党派的なコンセンサスを得ているため、レトリックの上での対中強硬策は続くだろう（ただし、実際には米中の経済は密接に関わっているため、現実的には強硬策一本槍とはならないと予想される）。

ただ、ウクライナ支援については二大政党の間に見解の違いがある。中東政策についても、二大政党の支持者の間に温度差が存在する。このような政策領域のゆくえに注目する必要があるだろう。

〈Part. 2〉アメリカの選挙政治

1. アメリカにおける選挙

アメリカは世界で最も初期に民主政治を実現した国である。古典古代時代から、民主政治は全員が顔見知りのような都市国家においてのみ実現可能だと考えられてきた。だがアメリカは、選挙という制度を導入すれば、広大な領土を持つ国においても民主政治を実現できることを明らかにした。国民が意思を託すことのできる政治家を選挙で選び、政治家に活動を委ねる。政治家が望ましい決定や統治を行った場合には次の選挙で再選させ、望ましくない行動をした場合は次の選挙で懲罰を与えるという仕組みを、アメリカは早い段階から本格的に導入したのである。

アメリカ政治の特徴の一つは、選挙の数が多いことである。アメリカでは国民のおよそ五〇〇人に一人にあたる五〇万人以上の公職者が選挙で選ばれている。連邦の次元では、大統領（任期四年）、連邦議会上院議員（一〇〇名、任期六年、二年ごとに約三分の一ずつ改選）、連邦議会下院議員（四三五名、任期二年）が選挙で選ばれている。州レベルでは、全州で州知事と州議会議員が選出され、相当数の州で副知事や州務長官などの閣僚、場合によると公営事業体の長なども選挙で選んでいる。地方政府に至っては、地方政府の形態にもよるが、市長や市議会議員、保安官、さまざまな委員会の長、学校区の長など多様な職を選挙で決めることが多い。州裁判所の判事も選挙で決めるところがある。そして、アメリカの二大政党は本選挙で争う党の候補を選出するために、予備選挙も実施している。

アメリカでは日本の衆議院で行われているような解散が想定されていないため、選挙日は基本的に固定されている。連邦の選挙は偶数年の一一月の第一月曜日の翌日、すなわち、一一月二日から八日の中で火曜にあたる日に実施される。州や地方政府の中には、連邦の選挙と同じ時に選挙を実施するとその独自性が失われるとの危惧から、日程をずらして実施するところも多い（奇数年にすると決めている地方政府は多い）。予備選挙は連邦のみならず州や地方の選挙でも実施されており、大統領選挙の予備選挙などは一年以上前から実質的に開始されているため、アメリカでは常にどこかで選挙戦が行われている。結果的に政治家が、選挙期間と統治の期間を区別せず、常時選挙戦状態になっているといえる。

このような事情から、アメリカの政治家は、常に選挙との関連を念頭において活動しているのである。

有権者の投票行動

選挙の際に有権者は、投票するか否か、投票する場合には誰に投票するかを決める必要がある。前者については、有権者の社会経済的地位が高いほど投票率が高いとされている。具体的には、相対的に高齢で、教育水準が高く、収入が多く、地域に長く居住している人の投票率が高いとされている。

有権者が誰に投票するかを決める要因としては、政党帰属意識、候補の個性、争点、政治家の業績が重要な意味を持つとされる。政党帰属意識は「あなたは民主党員ですか？　共和党員ですか？　無党派ですか？」という問いに対する回答によって測定され、個々の有権者が政党に対して抱く愛着心が強いほど、投票を大きく規定している。また、有権者は、自らと共通する属性を持つ人に投票することもある。人種やエスニシティ、ジェンダー、宗教、出身地などに基づいて投票することがあり、大統領候補が副大統領候補を決める際に、それらの属性が考慮されることが多い。そして、有権者の中でも、人工妊娠中絶や同性婚、環境問題などの特定の争点に強い思い入れを持つ活動家は、単一争点に基づいて投票を行うことが多い。

だが、以上のような特徴を持たない有権者は、業績評価に基づいて投票することが多いと言われている。多くの人は、有権者は政治家の公約を基に投票先を決めると想定しがちだが、実際はそれよりも、現職の政治家が自らが重視する争点についてこれまで望ましい業績を上げていると考える場合は現職政治家に投票し、そうでない場合にはその人への投票を行わないという判断がなされている。そして、多くの人が経済を最重要争点と捉える傾向があることから、選挙の際に経済が成長していたり失業率が低かったりすれば現職に投票する傾向が強まり、逆の状態では現職に対する投票が減少すると言われている。だが、第4章で説明するように、近年ではそのような前提も徐々に崩れつつある。

2. 大統領選挙

大統領選挙人方式と一般投票

大統領選挙の仕組みについて、確認しておこう。一般的に、議院内閣制のもとでは行政部の長は議会によって選出されるのに対し、大統領は国民によって選出されると説明されることが多い。だが、アメリカの大統領選挙は、国民からの直接投票ではなく、全五〇州とコロンビア特別区（ワシントンD.C.）に振り分けられた選挙人の票をめぐって争われている。

なお、大統領を最終的に決定する選挙は、四年に一度、一二月に行われているが、そこで投票権を持つのは各州から選ばれた選挙人である。そこで投じられた票が翌年の一月六日に開票され、二七〇票以上を獲得した人物が一月二〇日の正午に大統領に就任する（二七〇票を獲得する人がいない場合は、各州選出の連邦下院議員が州を代表する下院議員を一人ずつ選び、その人々が集まって大統領を選ぶことになっている）。

ただし、日本はもちろんアメリカでも、この選挙が注目を集めることはない。多くの人が注目するのは、一一月の第一月曜日の翌日に行われる一般投票である。これは、各州の選挙人を選ぶための選挙と位置づけられている。もちろん、この選挙でも投票用紙に記されているのは大統領候補の名前であり、「選挙人になればこの大統領候補に票を投じる」と宣言している人を選んでいることになるので、実際には直接選挙に近いイメージとなっている。

一般投票に関しては、各州には、上院議員の数（全州一律二）と下院議員の数（全四三五を人口比に基づき配分）を合わせた数の選挙人が、コロンビア特別区には三名の選挙人が割り当てられている。投票は州ごとに集計され、メインとネブラスカを除く四八州が最も得票数の多い候補に全大統領選挙人の票を割り当てる勝者総取り方式を採用している。このような方式のため、民主党、共和党の二大政党以外の候補が大統領選挙で勝利するのは困難なので、大統領となることを志す者は、一般投票で勝利する前に、二大政党で大統領候補として選出される必要がある。

二大政党の候補者決定

二大政党の候補は、予備選挙、あるいは党員集会を経て、全国党大会で正式に指名される。予備選挙、党員集会ともに、全国党大会に参加する代議員を選ぶためのものだが、選ばれる代議員はどの候補に投票するかを宣言しているという想定になっているため、実際には地域ごとに候補者を選んでいると言ってよい。なお、一一月の一般投票で選挙人を選ぶことができるのは全五〇州とコロンビア特別区のみだが、その他の非州地域（グアム、プエルトリコ、米領サモアなど）も全国党大会に代議員を送ることは可能なので、予備選挙や党員集会を実施している。

予備選挙とは間接選挙で代議員を選ぶ方式だが、党員のみが投票できる方式（クローズド・プライマリー）と、党員以外の人も投票できる方式（オープン・プライマリー）がある。党員集会とは、会合の場で代議員を選出する方式である。代議員を選ぶための方式は各州や非州地域の政党組織が選ぶことになっている。なお、予備選挙、党員集会に参加する有権者は一般投票と比べても少ないため、極端な候補や活動家が相対的に大きな影響力を持つと言われている。

予備選挙と党員集会は、大統領選挙年の一月から六月にかけて、各州・地域の政党ごとに実施される。一九七〇年代から二大政党ともに最初の党員集会と予備選挙をそれぞれアイオワとニューハンプシャーで行っており、両州で勝利した候補は認知度が上昇する傾向があった。だが、両州はともに決してアメリカの典型的な州ではなく（そもそもアメリカに典型的な州は存在しない）、両州ともに白人人口が圧倒的に多く、とりわけ民主党の支持者層とは一致しないと指摘されていた。初期の選挙戦で掲げられた争点が後の選挙戦も拘束することを考えると、党の支持者と人口構成が似た州で予備選挙や党員集会を開始する方が適切な候補を選抜することができると考えられたことから、二〇二四年の大統領選挙では民主党はサウスカロライナ州から予備選挙を開始した（ニューハンプシャー州は党本部の決定を無視してその前に予備選挙を強行したが、投票用紙に名前をのせなかったバイデンが書き込み票で圧勝した)。

また、二月か三月のいずれかの時点で、二大政党の予備選挙や党員集会が集中する、スーパーチューズデーと呼ばれる日が存在する。これは、元々はアイオワとニューハンプシャーに注目が集まり過ぎて埋没することを懸念した州が中心となって設定を目指したものだが、多くの代議員を擁する州が集中する場合には、ここで実質的に二大政党の候補が決まってしまうこともある。

このようにして選ばれた代議員が集まり、党の正副大統領候補を決定する場が全国党大会である。党大会は七月から九月の間に、非政権党が先に、政権党が後に実施する慣行がある。ただし、大統領候補は事実上事前に決まっているため、実際は副大統領を発表して正副大統領候補(その組み合わせをチケットと呼ぶ)を国民に宣伝する場となっている。副大統領候補は、チケットのイデオロギー的、地理的なバランスを考慮して決定されることが多い。また、党大会では大統領候補のための選挙綱領も発表される。

党大会における指名受諾宣言をもって予備選挙期間から本選挙期間に移行する。一般に大統領選挙用の献金は予備選挙用と本選挙用に分けて集められることが多く、本選挙で用いる選挙資金について公費助成を受ける場合は個人または政治活動委員会から得た献金を使用することができなくなるが、最近は公費助成よりも多くの献金が本選挙用に集められている。

大統領選挙の勝敗

一般投票は先ほど指摘したように州ごとに実施されるが、二〇〇〇年以降、三三州で同じ政党が常に勝っていて、大半の州が民主党、共和党に色分けできる。二〇二四年の大統領選挙では、ミシガン、ペンシルヴェニア、ウィスコンシン、ネヴァダ、アリゾナ、ジョージア、ノースカロライナの七つの接戦州のゆくえで選挙結果が決まると指摘されることが多い。

二〇一六年大統領選挙ではネヴァダを除く六州でトランプが勝利し、二〇二〇年選挙ではノースカロライナを除く六州でバイデンが勝利した。各種世論調査では、二大政党の候補への支持率は拮抗している。第三の候補が接戦州で十分な署名を集めて投票用紙に名前を記載させることができるか、その場合にどちらの候補からより多くの票を奪うかによって選挙結果が変わる可能性もある。

3. 連邦議会選挙

連邦議会選挙は、全米の動向に基づいて展開される側面と、選挙区ごとに独立したメカニズムに基づいて展開される側面の両面がある。前者については、議会選挙が大統領選挙と密接に関わって展開される可能性がある。大統領選挙と同じ年に行われる議会選挙では、人気の高い大統領候補が選出される場合は、その人気に引きずられる形で、同じ政党の候補が多く当選する傾向がある。他方、中間選挙（大統領選挙が行われない偶数年に行われる選挙）の際には、政党のためというよりも大統領候補のために投票した人が投票しなくなることもあり、大統領の所属政党の議員は不利になる傾向がある。また、近年では多くの議員が政党の資金に依存する度合いが強まっていることなどもあり、有権者が政党のイメージに基づいて連邦議会選挙で投票する場合もある。

アメリカ政治で興味深いのは、連邦議会選挙が選挙区に特有の事情に基づいて展開される傾向が、諸外国と比べても強いことである。これは、連邦議会議員の現職者が再選を目指して立候補する場合、その再選率が九割を超える（下院の場合は九五％を超える）のが一般的なことに典型的に現れている。

なお、連邦議会の下院の選挙区は、一〇年ごとに行われる国勢調査の結果を踏まえて、州内で一票の格差が生じないように区割りが見直されることになっている。その際、州で優位に立つ政党が自党に有利になるように区割りを行うのが一般的で、それをゲリマンダリングと呼んでいる。これに加えて、現職政治家は対立候補と比べてメディアで取り上げられる頻度が高いこと、首都ワシントンD．C．から地元への交通費が支給されること、地元に利益を還元する政策を採りやすいことなどが、現職候補の再選率を高めている。

4．選挙後に予想される争いとその原因

一般投票と選挙人票のズレをめぐる争い

大統領選挙終了後にしばしば注目されるのは、一般投票と選挙人票の間のズレの問題である。二〇〇〇年や二〇一六年の大統領選挙に際しては、一般投票でより多くの票を獲得したアル・ゴアとヒラリー・クリントン（ともに民主党）が、選挙人票で敗北して大統領になることができなかった。このことに不満を感じる人は、強い批判を展開した。日本でも、一般投票で敗北した人物が大統領に就任するのは適切ではないと指摘する識者も存在した。

だが、これは本章で記した、選挙人方式が生み出す結果であるため、そのような批判は妥当性がない。

今日では多くの州で大統領選挙や上院議員選挙での二大政党の勝敗が明白であり、全五〇州のうち四八州で勝者総取り方式が導入されていることを考えると、自らの投票が選挙結果に影響を与える可能性がないことを考えて投票に行かない人が多く存在しても不思議はない。アメリカの投票率は、郵便投票が急激に増えた二〇二〇年大統領選挙を例外として、大統領選挙でも五〇％程度と低い（有権者登録などの手間があることを考えると、投票に行っても行かなくても結果が変わらないにもかかわらず半数の人が投票に行くというのは、立派かもしれない）。そのため、一般投票の結果が「民意」を反映しているとはいえない状態となっているのだが、政治・社会の分断が鮮明になっている現状では、一般投票で多くをとったにもかかわらず敗北した候補の支持者がこのような不満を述べやすい状態となっているのである。

選挙管理と投票権をめぐる問題

近年のアメリカでは選挙が終わった後、敗北した側が結果に不満を表明して訴訟を提起することも多い。その背景には、選挙管理が州以下の政府によって実施されていることがある。大半の州では州務長官が選挙管理で重要な役割を果たすことになっており（ただし、アラスカ、ハワイ、ユタには州務長官のポストは存在せず、副知事がその役割を担う）、三七州では州務長官が選挙管理の最高責任者と位置づけられている。州務長官が四七州中三五州で選挙で選ばれ、残り一二州は州知事や州議会により任命される。超党派、無党派で選挙管理を行う州も存在するものの、二大政党の人物両方を選挙管理委員会に加えるよう定める州は五州のみである。多くの国で中立的に行われるのが当然とされる選挙管理の責任者が政治的に選ばれていることが、選挙結果をめぐる争いの源となっている。

例えば、アメリカでは投票所の運営の重要部分をボランティアに依存している場合がある。だが、有権者資格の確認、投票用紙の多言語表記や投票所での多言語対応、障がい者支援などにボランティアが十分に対応できていない場合も多い。その状況を改善するために州政府が積極的に役割を果たしているとはいえず、とりわけ共和党が多数を占める州ではマイノリティの投票を減らしたいという思惑もあり、対応が不十分になっているとされる。

また、近年問題となっているのは、有権者IDと呼ばれる、公的機関が発行する身分証明書の提示を投票時に求めることの是非である。投票所に現れる人物が有権者登録をした本人か成りすましかを判断するための措置だとされるが、この規制が果たして不正を防ぐためという理由のみに基づいているかに疑問が呈されている。高齢者、有色人種、障がい者、低所得者、若年層の間で公的機関発行の身分証明書の所持率が低く、そのうち高齢者を除く人々は民主党に投票する傾向が強い。州によっては、選挙の直前に大学が発行する学生証を正式な身分証明書として認めないと決定した所もあり（アメリカの大学は独自に警察を組織することが認められるなど、州政府から地方政府として認定されている場合が多い）、民主党に投票する可能性が高い人々の投票を妨害しようとする意図があるとも指摘されている。

さらには、投票所の設置場所の適切性をめぐる議論も存在する。アメリカでは二〇〇〇年大統領選挙の際にパンチカード式の投票用紙の読み取りをめぐってトラブルが発生したことから、二〇〇二年に連邦政府がアメリカ投票支援法を制定して、パンチカード式投票装置やレバー式投票装置を、同法の定める基準に合致する投票装置に変更するための補助金を州政府に公布した。その結果、電子投票機の導入が進んで票の計測が正確になったが、弊害も生じた。連邦政府がその費用の一部しか負担しないため、残りの費用を負担する必要のある州政府が、導入する機械の数を最小限にとどめたり、コスト削減のために投票所を集約したりするなどした。その際には、州で有力な党に有利になるように投票所の場所が設定され、自動車を持たない人などの投票率が下がった地域もあると指摘されている。

投票権

これに加えて、投票権の設定も州政府が行っていることが論争を生み出している。アメリカでは、一八三〇年代には成人（当時は二一歳）の白人男性に関して、財産権や身分に関する制限が原則として撤廃された。また、一八七〇年の合衆国憲法修正第一五条によって人種を根拠とする投票権の差別が、一九二〇年に同修正第一九条で性を理由とする投票権の差別が禁じられ、一九六五年の投票権法と合衆国憲法修正第二〇条によって、南北戦争後に黒人の投票権を実質的に剝奪するために用いられていた識字試験や投票税などが禁じられた。投票可能年齢は、戦争時の徴兵との兼ね合いから、一九七一年に合衆国憲法修正第二六条で一八歳と定められた。その他、外国籍の人が連邦レベルの選挙に投票することができない旨は、一九二八年の判例で定められている。

このように定められた大枠を破らなければ、具体的な投票権は州政府が定めることになっている。そのため、例えば重罪犯・元重罪犯には投票権を認めない州が存在し（合衆国憲法修正第一四条に「反乱や他の犯罪に参加している者」を除いて投票権を剝奪してはならないという規定があるため、問題ないとされている）、二〇二二年の段階で四六〇万人以上がその対象となっている。

歴史をさかのぼれば、政府が反体制派を犯罪者とみなして弾圧するパターンはよく見られることから、重罪犯・元重罪犯に投票権を認めないことの是非については議論の余地があるだろう。また、アメリカでは州政府が独自の刑事法を持っているため、例えばモヘア（アンゴラ山羊の毛）が入っている布地を盗んだ者は重罪犯とされて投票権が剝奪される州もあり、その妥当性について論争がある。重罪を理由として投票権が認められない人は黒人や中南米系の割合が高いことに加えて、選挙管理委員会や投票所の職員やボランティアの知識不足や意図的な情報操作によって投票権を侵害される事例も存在し、問題となっている。

これらのことが、選挙結果をめぐる争いを生み出しているのである。

第I部

アメリカを悩ませる
10の問題

第1章　アメリカはいったい誰のものか？
──アメリカにおけるアイデンティティ政治

建国以来、一貫して多くの移民を受け入れてきたアメリカは、多民族・多人種の国家である。だが、その中核を構成してきたのは白人だった（以下、単純に白人という場合には、中南米系を除くものとする）。移民人口の増大もあり、白人の人口比率が低下し、二〇四〇年代のいずれかの時点で半数を下回ると国勢調査も予測する今日、中核にあるとされる白人性と多様性の折り合いをどうとるかが大きな問題となっている。

多くの予想に反して二〇一六年大統領選挙で勝利したドナルド・トランプを支えたのは、ラストベルトに居住する白人労働者層だった。製造業に従事する彼らは、第二次世界大戦後の経済繁栄を支え、政治、経済、社会のいずれの領域においても中核を担う存在だったと自負していた。だが、近年の産業構造の変化とオートメーション化の進展により、彼らの地位は社会的にも経済的にも低下した。彼らはかつてならば労働組合を基盤として民主党陣営に組み込まれていたが、労働組合の弱体化もあり、政治的にも代表されなくなってしまった。

彼らは、社会的に成功した白人からは見下され、人種・民族的マイノリティからはアファーマティブ・アクション（積極的差別是正措置）という名の逆差別を受け、稼ぎが少なくなったがゆえに家庭内では妻に蔑《ないがし》ろにされているという、幾重もの被害者意識に苛まれていた。このような不満を抱く、社会的地位が低下しつつある白人労働者層の感情を掬《すく》い上げたのがトランプだった。「アメリカを再び偉大にする」という懐古的なメッセージは、彼らの心に響いたのである。

二〇二四年の大統領選挙、連邦議会選挙などに際しても、トランプをはじめとする共和党候補は、この声を奪われた白人層の支持獲得を目指している。彼らのメッセージは、白人と黒人、白人と移民の対立を時に明示的に、あるいは暗黙の裡《うち》に前提としており、マイノリティと彼らを代表する民主党やリベラル派の反発を招いている。

だが興味深いことに、二〇一六年大統領選挙と比べて二〇二〇年大統領選挙の際には、黒人や中南米系の中でトランプに投票した人の割合は増大している。白人性、人種、移民をめぐる対立が注目されるのは、それが白人のアイデンティティのみならず、アメリカという国のナショナル・アイデンティティ、そしてマイノリティのアイデンティティにも関わる意味を持つからである。その性格を分析すれば、白人と黒人、白人と移民を対比してとらえるだけでは理解することのできないアメリカの変化の兆しを見て取ることができるだろう。

本章では、アメリカのナショナル・アイデンティティの基本的性格について整理した後に、黒人との関係、移民との関係について検討することにしたい。

「契約国家」アメリカのナショナル・アイデンティティ

マイケル・イグナティエフは、ナショナリズムをエスニック・ナショナリズムとシビック・ナショナリズムに分類している。エスニック・ナショナリズムとは、言語、宗教、慣習、伝統など歴史に根差す民族性によってネイションを一つにまとめるものである。他方、シビック・ナショナリズムとは、人種、肌の色、言語、民族性などにかかわらず、国家の政治理念を共有する者はすべて社会の成員とみなす考え方である。

アメリカは政治制度や政治理念の共有を基礎とするシビック・ナショナリズムの国と位置づけられるのが一般的である。そこで重視される自由、平等、個人主義、民主主義、法の支配などの理念は、「アメリカ的信条」と称されてきた。これらの理念の意味を確定するのは容易でなく、相互に矛盾することもあるが、アメリカ的信条を構成する理念はシンボルとして政治的な機能を持ってきた。アメリカは、これらの理念をまとめた文章である独立宣言と合衆国憲法をいわば契約文書として成立した契約国家だと考えられてきたのである。

アメリカでは、これらの理念を普遍的なものとみなし、世界に広めるのが義務だと考える人々がいる。圧政に苦しむ人々のいる地域に自由と民主主義を広めるのはアメリカの責務だという信念が有力政治家によって表明され、時に行動に移されてきた。このような他国に対する内政干渉がアメリカのみに認められるという考え方はアメリカ例外主義論と呼ばれ、諸外国に対してアメリカの卓越性を表明する際に用いられてきた。

アメリカ的信条に基づくナショナル・アイデンティティの理解は、アメリカ政治を理解するための前提とされてきたのである。

契約国家観に抗する批判理論

このような社会契約に基づく考え方に対しては、さまざまな批判がある。例えば、そもそも社会契約を結んでいない人がいるという指摘がある。社会契約論は、個人が国家などの集団に自発的に参加することを前提としてきた。だが、人間は所属したいか否かにかかわらず集団に所属せざるを得ない場合もある（子どもにとっての家族はその一例である）。他の集団によって支配され、吸収された結果として、集団に属さざるを得ない場合もあるだろう（ネイティブ・アメリカンはこの事例に当たるだろう）。

社会契約を結んだとみなされる場合であっても、それが十分に自発的なものではない場合もある。構成員の自発性に基づく契約という社会契約論の基本的前提について、政治学者のキャロル・ペイトマンは強い批判を行っている。彼女によれば、弱い個人が奴隷として生きるか、殺されて死ぬかの選択を迫られる場合、奴隷になることを選択せざるを得なくなる。持つ力に大きな差がある個人間で結ばれた契約は、たとえ自発的に見えたとしても公正ではない。ペイトマンは同様のことが性的関係にも適用されると指摘している。女性は長らく契約から除外され、市民社会に組み込まれることもなかった。これは、女性に投票権が認められたのが遅かったことからも明らかである。

政治学者のチャールズ・ウェイド・ミルズも、同様の議論を人種に関して展開している。新たな国家を設立するための契約文書だった合衆国憲法は、黒人に市民権を与えることを想定していない人々が中心となって作られた。連邦議会下院の議席配分について規定した部分で、アメリカ国民は「自由人」と「その他の人間」に区別され、「その他の人間」すなわち黒人は五分の三人と数えられてきた。

性差別や人種差別が時間をかけて是正されてきたのは事実だろう。また、あらゆる差別を完全に是正した社会は存在せず、差別克服を目指して努力してきたのがアメリカの優れた点だという指摘ももっともである。合衆国憲法の前述のいわゆる「五分の三条項」は南北戦争後に修正され、奴隷制は廃止された（合衆国憲法修正第一三条）。だが、憲法の規定が修正されたとしても多くの州では差別的慣行が残り、一九六〇年代の権利革命を経ても完全な平等は達成されていない。例えば、著述家のタナハシ・コーツは、現行制度は依然として白人至上主義を前提としていると主張する。このような不満は、黒人の生命を蔑ろにするなと主張するＢＬＭ（Black Lives Matter）運動などにおいて頻繁に表明されており、今日の黒人によるアイデンティティ政治の中核にある。

ペイトマンやミルズらが展開する批判理論はリベラリズムの本質的な部分に対する批判を行い、国家が白人の男性という支配エリートにとって都合のよいように構築されていると指摘する。このような批判は契約国家として位置づけられてきたアメリカの基礎を根底から揺さぶる可能性を秘めている。

ＢＬＭ運動

このような根源的な批判に関して問題となるのは、アメリカ的信条の基礎となる価値観を作り上げたのが、ＷＡＳＰ（白人、アングロサクソン、プロテスタント）と呼ばれる人々であったことをどう考えるかである。

文明の衝突論で知られるサミュエル・ハンチントンは、初期の著作『アメリカの政治』で、アメリカ政治はアメリカ的信条に基づいて構築されており、その理想と現実の制度の間のギャップが政治変動をもたらすという有名な議論を展開した。そこでは、アメリカ的信条の構成要素はどの国にも適用可能であることが当然の前提とされていた。

だがハンチントンは『アメリカの政治』刊行後二〇年近く経った時点で『分断されるアメリカ』と題する著作を発表し、議論を修正している。ハンチントンが、人口が増大しつつある中南米系はアメリカ的信条を受け入れる意志がないと批判したり、多文化主義理論はアメリカ社会の前提となる規範を危機にさらしていると主張したりしたことは、広く知られているだろう。それに加えて興味深いのは、ハンチントンがアメリカ的信条の基礎が建国期にピューリタンによって作られたことを強調するようになっていることである。

ナショナリズム論で知られるアンソニー・スミスは、ネイションにはその元となる共同体である「エトニ」が存在すると指摘している。スミスがエトニの特徴として挙げるのは、集団の名前、共通の血統神話、歴史の共有、独自の文化の共有、特定の領域との結びつき、エリート間の連帯感の六つである。『分断されるアメリカ』におけるハンチントンの認識をスミスの用語を用いて説明するならば、アメリカにおけるエトニの構成体であり、アメリカ的信条を作り出したピューリタンこそが、アメリカのナショナル・アイデンティティの根本にあるということになるのかもしれない。

だが、このような議論は、アメリカのナショナル・アイデンティティと白人のアイデンティティを無意識のうちに同一視するものであり、それに批判的な立場をとる論者は、その無意識のバイアスを見直そうとしている。

例えば、奴隷とされていた黒人からすれば、アメリカには自由も平等も存在しなかった。法的な不平等は多くの面で是正されたが、今日でも人種差別は残っている。例えば人種的プロファイリングが行われる結果、白人よりも黒人の方が圧倒的に多く収監されている。これは黒人が個人ではなく黒人集団の一部とみなされていることの結果であり、アメリカが個人主義を前提とする社会では必ずしもないことを意味する。また、法の支配という規範も実現していないことも示している。

このような認識がＢＬＭ運動の根底にあった。ＢＬＭに対しては、黒人だけでなく、すべての人の命が大事だ、というのが正しい認識ではないかとの批判が保守派からなされた。その議論には一面では正しいところはあるものの、無意識レベルの差別が厳然として存在することを考えれば、ＢＬＭという問題提起が重要だと考えられたのである。

キャンセル・カルチャーと教育

ナショナリズム研究で知られるベネディクト・アンダーソンも述べるように、国民というのは「想像の共同体」であり、そのアイデンティティは構築されたものである。そのため、ナショナル・アイデンティティを維持するには、さまざまな工夫が必要になる。新たにアメリカ国民になろうとする人々にナショナル・アイデンティティの基礎となる規範を受け入れさせることは非常に重要であり、初等・中等学校における公民教育の内容について、論争が起こるのはそのためである。

共和党大統領候補となることを目指していたフロリダ州知事のロン・デサンティスが批判的人種理論批

判を繰り広げていたことは、このような観点から理解することができる。批判的人種理論は、もともとは一九七〇年代に法学者によって提起されたもので、アメリカの根幹をなす法律や社会制度に人種差別が組み込まれているという考え方である。

これに関連して注目されたのが、ニューヨークタイムズ社が中心となって展開した「一六一九プロジェクト」であった。アメリカの建国は独立宣言や合衆国憲法との関係で論じられるのが一般的だが、アメリカの一貫した特徴が人種差別性にあるとみなす観点からすれば、アメリカの真の起源はアメリカ大陸に最初の黒人奴隷が連れてこられた一六一九年とみなすべきだというのがその基本的立場である。同プロジェクトの提唱者は、同社が作成した資料を学校教育の教材として利用することも提唱している。

批判的人種理論にせよ、「一六一九プロジェクト」にせよ、それらに反発する人にせよ、ナショナル・アイデンティティの基礎となっているものを基礎教育で教えることが重要だという認識は一致している。だが、そこで重視されるものが全く異なっている。今日のアメリカでは、建国者たちが奴隷を所有していたことなどを根拠に彼らの銅像を引き倒そうとするような動きがあり、それらはキャンセル・カルチャーと呼ばれている。批判理論に基づく基礎教育に反発する人々は、基礎教育を家で実施しようと試みる場合もある（アメリカではホームスクーリングが認められている）。

アメリカにおける独立宣言と合衆国憲法、建国者の重要性を相対化する試みをどこまで認めるべきかの認識に、アイデンティティ問題を重視する左派と保守派では相当に大きな違いがある。この問題は白人、マイノリティ、そしてアメリカのナショナル・アイデンティティと密接に関わっているため、大きな論争と感情的反応を巻き起こしている。

移民問題

アメリカのナショナル・アイデンティティについて考える上で、移民問題は重要である。移民の国と称されるアメリカにとって、数多くの移民が訪れることは、その理念に魅了された人が存在することを意味しており、自国の素晴らしさを証明しているといえる。他方、異なる文化的背景を持つ国々からやってくる人々は、アメリカ的理念を掘り崩すウィルスのキャリアーのような存在とも位置づけられる。移民がもたらす不安は、治安や経済に限定されないのである。

アメリカには、毎年一〇〇万人ほどの合法移民が入国している。それに加えて、国境線を違法に越境する人々や、ビザの期限が切れた後に滞在し続ける人が存在する。そのような不法滞在者の数は一〇〇〇万人を超えており、彼らに対する反発がトランプへの支持増大の背景にある。

建国期より一貫して多くの移民を受け入れてきたアメリカでは、合法移民を受け入れることについての批判はほとんどない。アメリカで議論される移民問題とは、多くの場合は不法移民をめぐる問題である。不法滞在者は国外に追い出すのが筋だと主張する人もいれば、これほど多くの不法移民を退去処分にするのは困難なので、長期滞在者のうち犯罪歴のない人には滞在を許可するべきだと主張する人もいる。

伝統的に見て、移民政策は、超党派的な対応が必要な政策分野だった。二大政党内部には、不法移民に対して寛容な態度を示す勢力、批判的な勢力の両方が存在した。マイノリティの支持を得ている民主党には、不法移民に寛容な人が多い。だが、不法移民の存在は労働賃金の低下につながる可能性があるため、労働組合の中では不法移民に厳格な態度を示す人が多かった（現在では労働組合も変化しつつある）。他方、共和党には、アメリカの政治文化を変える可能性があるとして不法移民に批判的な立場をとる人が多い。だが、企業経営者などは安価な労働力を提供する不法移民に好意的な立場をとってきた。

このような状況下で不法移民対策を進めるには、超党派的な取り組みが必要になる。そこで、国内に居住する一部の不法移民に滞在許可を与えると同時に、国境警備を厳格化するという抱き合わせでの立法が長らく目指されてきた。だが、民主党側では労働組合の弱体化もあって不法移民に寛容な立場が優勢となり、共和党側では不法移民に厳格な態度をとる人々の声が強くなったのを受けて、不法移民対策も二大政党間の対立争点となった。このような状況下で、不法移民取り締まり強化を主張するトランプ政権が誕生したのである。

トランプは二〇一六年大統領選挙に際し、メキシコから入国してくる不法移民を、殺人犯であり、強姦魔だと評した。彼はアメリカ＝メキシコ国境に壁を築き、その費用をメキシコ政府に負担させるとも主張した。トランプ政権は、不法移民の取り締まりを厳格化する方針を明確にし、前述の抱き合わせ政策を否定した。

これに対し、民主党系の活動家はトランプ政権の対応を批判し、一定の要件を満たした不法移民に滞在許可を与えるよう主張した（ただし永住権の付与まで提唱されているとは限らなかった）。活動家の中には、アメリカとメキシコの間に存在する圧倒的な経済格差とそれに起因する不正義を問題視し、移民関税執行局（ＩＣＥ）廃止というスローガンを用いた人々もいた。もっとも、大半の論者は、ＩＣＥがマイノリティに対して不当な扱いをしないように、ＩＣＥのあり方を見直そうという穏健な議論を展開していたのだが、過激なスローガンに伴うイメージが先行した結果、多くの人々はそれら活動家への不信感を強めた。

トランプら保守派はこれを「国境開放論」と呼んで批判したが、政治学者のジョセフ・カレンスらが提唱するような国境開放論が実際に提唱されていたわけでは必ずしもない。

不法移民問題をめぐる二大政党間の対立が鮮明になる中で迎えた二〇二〇年大統領選挙で民主党候補となったバイデンは、トランプとは一線を画する寛容な移民政策を提唱した。大統領に就任したバイデンは国境の壁の建設は行わないと宣言し、トランプ政権期の移民政策を撤回する姿勢を明確にした。そして、コロナ禍が落ち着きを見せた二〇二一年以降、バイデンが不法移民に対して寛容だとの印象から、不法移民の数が急増した。CNNの報道によると、アメリカ＝メキシコ国境を越えてやってきた不法移民の数は二〇二三年一二月の一カ月で二二万五〇〇〇人を超え、その後も一万人を超える日が続いた。

移民政策への抗議デモ「私の夫は税金を払っている移民だ」

近年では、不法移民の行動パターンは、いくつかの点で変化している。例えば、不法越境者は国境警備員に発見されて庇護申請をすることを目指す傾向が強くなっている。難民としての地位を得るのは容易でないものの、ただちに国外退去処分されることは少なく、アメリカ国内で一定期間は労働することが認められるためである。

また、最近では、家族での越境が増大している。不法移民に対する寛容度ゼロ政策を掲げたトランプ政権は、成人の不法移民を直ちに拘束する一方で、未成年者を保健福祉省が管轄する別の施設に収容し、一刻も早く引き取るよう親戚や里親に求める措置をとった。だが、その結果離散する家族が増えたことに対する反発が強まったのを受けて、二〇一八年六月には不法移民の家族を一緒に収容すると立場を変更した。またバイデン政権は、トランプ政権の方針により引き離された移民家族に対する補償金の支払いを行うなど、トランプ政権との違いを印象づけようとした。これらの変更を受けて、男性が単身で越境するよりも国外退去処分にされにくいのではないかとの憶測から、家族での入国が増加したのである。

都市の治安問題

不法移民をめぐる議論は、とりわけ治安問題との関連をめぐって変化しつつある。不法移民の増加に伴う治安問題は、アメリカ＝メキシコ国境周辺地帯の問題と長らく考えられてきた。だが今日では、都市部でもその問題が真剣に議論されるようになっている。

その背景には、バイデン政権発足以降、テキサス州のグレッグ・アボット知事やフロリダ州のデサンティス知事が、リベラル派と民主党が優位にある大都市に不法移民を移送するようになったことがある。トランプ政権は州政府や地方政府に不法移民の取り締まりに協力するよう要請したが、連邦最高裁判所がかねてより州や地方政府には不法移民を取り締まる権限がないと判示していたこともあり、大半の州と地方政府は協力しなかった。「聖域都市」と呼ばれるようになったこれらの地域は、不法移民がある程度訪れた場合でも支援する仕組みを整えていたが、急激に大量の不法移民が移送されてくると、対応能力を超えてしまった。その結果、都市部でも不法移民が治安を悪化させるのではないかとの懸念が強まった。

最近では、とりわけサンフランシスコ市やニューヨーク市での体感治安の悪化が頻繁に報じられている。もっとも、これらの地域でも、公式統計上は犯罪発生件数がコロナ前の時期と比べて急増しているわけではない。ただし、公式統計は犯罪認知件数をまとめたものであるので、実際のところはわからない。いずれにせよ、人々の体感治安が悪化し、それを不法移民問題と関連づける論調が強まっているのである。

世論の変化を受けて、不法移民に寛容な立場をとってきた人々の行動にも変化が見られる。ＩＣＥ廃止論や国境開放論はもとより、アメリカ国内に居住する不法移民に市民権獲得への道を開くという主張も、強い支持を得られなくなっている。これまでであれば、不法移民問題の中でも、未成年の時に親に連れられて不法越境した「ドリーマー」と呼ばれる人々には特別な保護を与えるべきだという認識が党派を超えて共有されてきた。だが、家族で違法な越境を試みる人が増えたこともあり、ドリーマーに対する同情もなされにくくなっている。

このような変化を踏まえて、バイデン政権も、不法移民問題への対応を変更した。バイデン大統領は政権発足当時から不法移民対応を副大統領のカマラ・ハリスに委ねていたが、目に見える成果が出ていなかった。そこで、共和党内でウクライナ支援に消極的な人が増大するなかで、国境警備強化とウクライナ支援を抱き合わせにする法律を通すことに共和党指導部と合意したのである。だが、不法移民問題を大統領選挙の主要争点にし続けたいトランプが反発したこともあり、法制化は共和党がまとまらず失敗した。結局は国境周辺地帯で受理する難民申請者数を制限する大統領令をバイデンが出すことになったのである。

中南米系の変容？

今後のアメリカ政治を考える上で注目すべきは、二〇一六年と比べて二〇二〇年大統領選挙の際にトランプに投票した中南米系や黒人の比率が高まっていることである。これは、保守的な白人労働者層を岩盤支持層とするトランプがマイノリティに批判的な発言を繰り返していることを考えれば、興味深い現象である。この謎を解くカギは、マイノリティ内部の多様性にある。

まず中南米系に関しては、ホワイトシフトが起こりつつあるのではないかという指摘がある。ホワイトシフトとは、ロンドン大学教授のエリック・カウフマンが提唱する考え方である。カウフマンは、西洋諸国において白人の割合が縮小しているという人口動態の変化を踏まえて、近年のポピュリズムと呼ばれる現象は、民族変化に対する白人の不安の高まりから生じたと主張する。白人保守層は生き残りへの不安を感じ、自信を喪失しているため、移民を非難するようになっている。これに対して多様性尊重のイデオロギーを掲げる文化左翼が、多様性、とりわけ人種、民族、性的指向などの価値を絶対視し、エスニック・マイノリティが自集団の文化を重視することを正当化する一方で、白人マジョリティがその民族性やナショナル・アイデンティティに愛着を示すと、人種差別だと糾弾するのだという。

この状態をカウフマンは「不均衡な多文化主義」と呼ぶが、その動きに対する反発が保守派の間で強まっている。今日のアメリカでは、マイノリティとマジョリティの間で対立が存在するだけでなく、白人の中にも大きな亀裂が存在している。単純化すれば、民主党を支持する高学歴でリベラル派の白人はアメリカ社会の多様性を称賛し、批判理論に理解を示す。他方、共和党（とりわけトランプ）を支持する保守的な白人は、白人を中心とするアメリカ像を保持し、批判理論に反発しているのである。

カウフマンは、アメリカでは今後、中南米系やアジア系の一部が白人との混血を通して白人集団に吸収されてマジョリティ集団の一部を構成するようになると予測している。それは、中南米系やアジア系がアメリカ的信条に代表されるマジョリティの価値観を身につけることによってもたらされる。たしかに、二〇一六年大統領選挙前に行われた世論調査で、中南米系はトランプよりも民主党のヒラリー・クリントン候補を支持する割合が高かったものの、スペイン語ではなく英語を主に話す人々の間では、その割合は減少していた。これは状況証拠にすぎない可能性はあるが、アメリカの伝統的な文化に親しむにつれ、その認識が変化してきている可能性があるだろう。

同様に、外国籍から一般的に想定される手続きを経て帰化や永住権を取得した中南米系の人々は、不法移民に批判的な態度をとる場合が多い。不法移民＝中南米系というイメージが強くなるなかで、苦労して合法的に滞在する権利を獲得した彼らが、不法移民のせいで不当な批判をされているという認識を持つのも不思議ではないだろう。

また、中南米系はカトリックの割合が高く、人工妊娠中絶などに批判的な人の割合も、実は多いのである。

黒人の多様性

黒人に関しても多様性は増大している。一般的に黒人といえば、アメリカ国内で奴隷だった人の子孫を思い浮かべがちであるが、近年ではアフリカやカリブ海地域からの移民やその子孫も増大しつつある。なかでも、アフリカから留学してくるような人は出身国ではエリートであり、保守的な価値観を持っていたとしても不思議ではない。

また、黒人教会も実は社会問題をめぐって保守的な傾向を持つ。黒人の場合は強姦などで望まぬ妊娠をしてしまった人も多いため、人工妊娠中絶についてはやむを得ないとしても、同性婚は認めたくないという人も多い。

左派的傾向の強い貧しい黒人の中でも、民主党に不満を抱く人は増えている。例えば、いわゆる聖域都市では不法移民がシェルターと食料を与えられているが、黒人のホームレスに同様の支援が与えられるのは稀である。そもそも、民主党は黒人が共和党に投票する恐れはないという思いから、黒人に対する支援を十分に行わずともその支持を得られると想定してきたように思われる。多様性とアイデンティティの尊重は訴えつつも、実際の生活に対する支援は行わない民主党に対する不満が見られるようになっているのである。

多様性の尊重を国是としてきたアメリカで、アイデンティティをめぐる問題が顕在化しつつある。これは選挙結果を左右する可能性があるというだけではなく、アメリカの政党政治、さらにはナショナル・アイデンティティを長期的に変化させる可能性もあるのである。

第2章　なぜ人々は政府を信用しないのか？

統治機構に対する不信

世界の多くの地域でポピュリスト、あるいはアウトサイダー政治家が存在感を示すようになっている。これは、統治機構に対する不信が強まっていることの反映である。この傾向は、アメリカにおいても顕著である。

図1は各国における自国の統治機構に対する信頼度を示したものである。ギャラップ社が調査を行った国の中では、タンザニア（九三%）、ウズベキスタン（九二%）、シンガポール（九一%）などが統治機構への信頼度が高く、最も低いのはレバノン（一〇%）である。アメリカの信頼度は三一%と、全体の平均値（六〇%）よりもはるかに低くなっている。ちなみに先進国の中で統治機構に対する信頼度が高い国としては七八%のフィンランドが挙げられる。ドイツの六一%、日本の四三%、イギリスの三三%と比べても、アメリカでの信頼度は低い。

図１　統治機構に対する信頼度

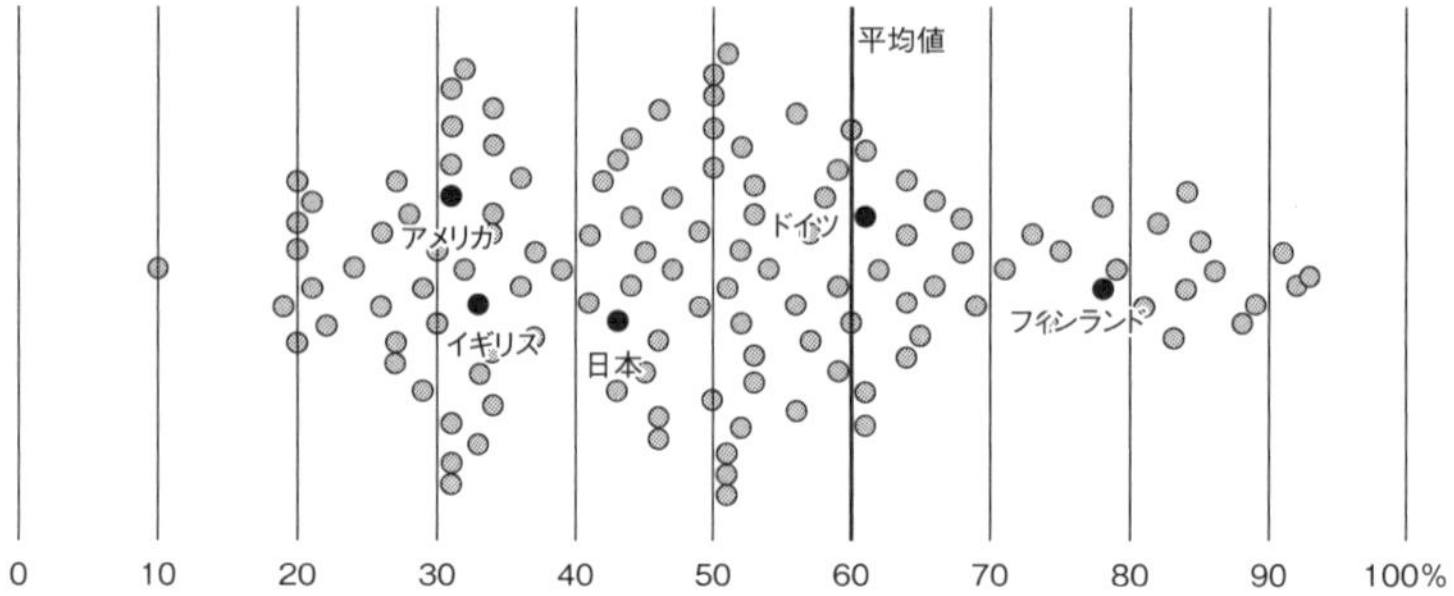

出典：Gallup World Poll, 2022

次に、アメリカの統治機構に対する信頼度を経年的に調べたピューリサーチセンターの調査を見てみよう。図２からわかるように、一九六〇年代には統治機構に対する信頼度は高かったが、ベトナム戦争とウォーターゲート事件を機に大幅に低下した。レーガン政権期に上昇したのは、冷戦の文脈で共産主義体制に対する優位が強く意識されたためだろう。だが冷戦の終焉に伴い民主政治が当然の政治体制とみなされるようになると、統治機構に対する信頼度は再び低下した。九・一一テロ事件直後に一時的に持ち直したものの、それ以降はポピュリストによる制度への攻撃もあり、信頼度は低下している。また、図３が示す通り、アメリカにおける不信は、立法部（連邦議会）、行政部（大統領）のみならず、司法部（裁判所）にも及んでいる。

一般論として述べるならば、統治機構に対する不信感がある程度存在するのは悪いことではない。統治機構が人々の財産や行動の自由を侵害することができ、場合によっては死刑などで生命を奪う権限を持つことを考えれば、統治機構に対して不信や警戒が抱かれるのは当然である。だが、信頼度があまりにも低すぎるのも、安定的な統治を行ううえで問題である。本章では、なぜ人々は統治機構を

図2　アメリカの統治機構への信頼度

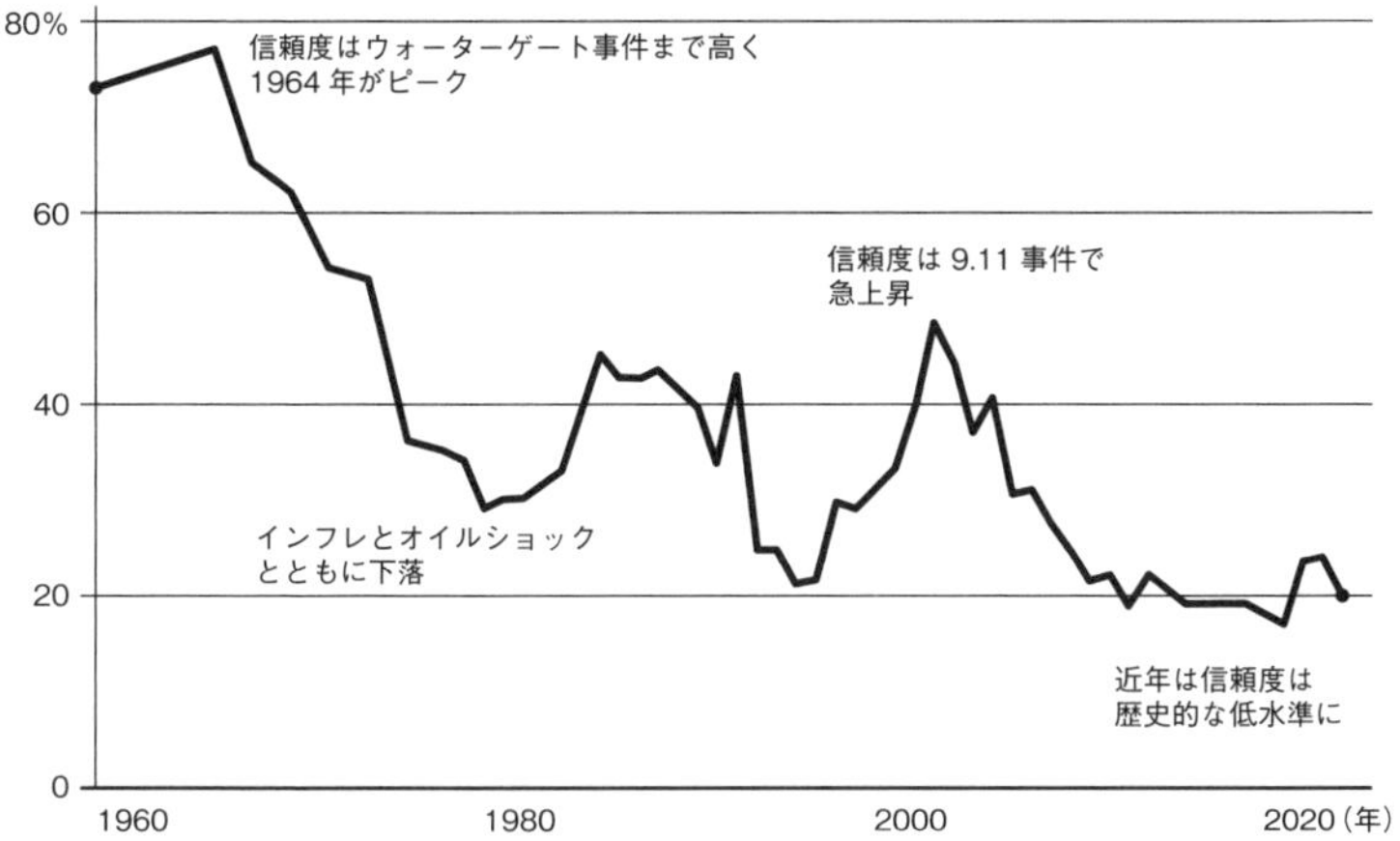

出典：ピューリサーチセンター，2024

図3　アメリカの三権に対する信頼度

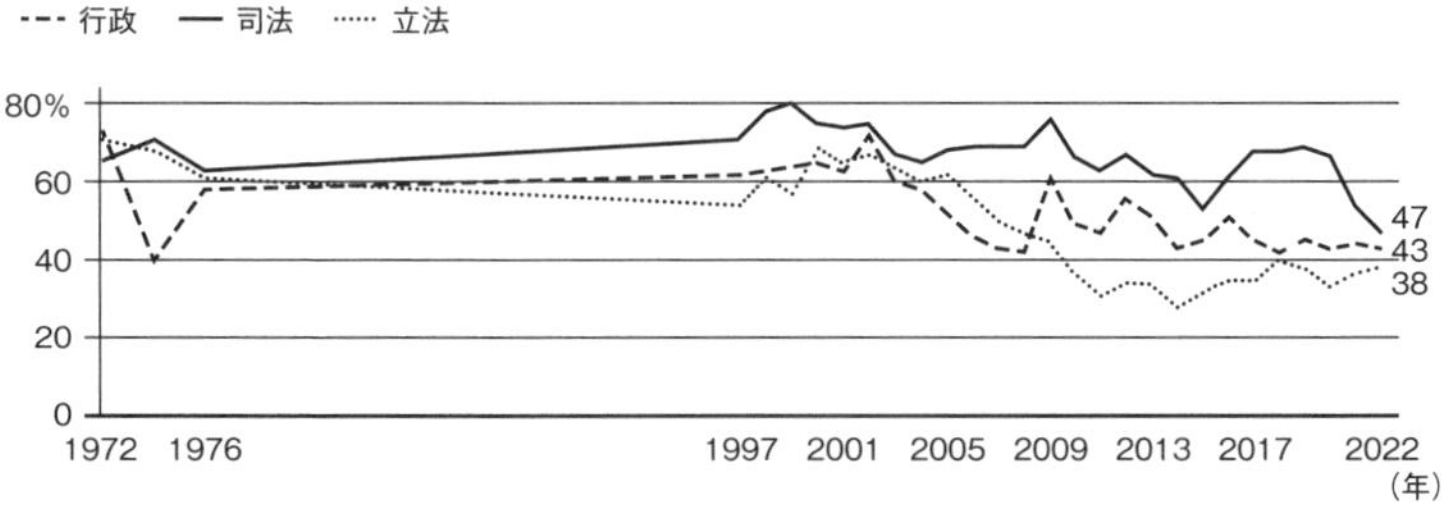

出典：GALLUP, 2022

信頼しなくなっているのかについて考察したい。

不信をもたらす三つの要因――政治的分断、選任手続き、パフォーマンス

統治機構に対する不信が生まれる理由として、ここでは政治的分断、各部門の構成員の選任手続き、各部門のパフォーマンスへの評価という三点を指摘したい。

(1) 政治的分断

まず、大きな背景としてアメリカの政治的分断が存在する。第3章で示されるように、二大政党とその支持者のイデオロギーの相違は大きくなっている。地理的に見ても、民主党が強いリベラルな州と共和党が強い保守の州では政策上の相違が大きくなっている。州の中でも都市部と農村地帯の対立が顕著になっているところもある。これらの対立は、単にイデオロギー的距離が遠いというだけでなく、感情的な反発をも巻き起こしている。連邦議会においても、二大政党の中で極端な立場をとる政治家の割合が増大し、穏健派が著しく減少している。

このような状況においては、例えば大統領に対する支持率が、一方の党の支持者の間では高くなる一方、他党の支持者の間で非常に低くなるという現象が発生する。オバマ大統領の支持率は民主党支持者の間では非常に高かったが、共和党支持者の間では低かった。トランプ政権も共和党支持者の間では支持率は高かったものの、民主党支持者の間では低かった。このように、政党支持者別に大統領などに対する支持率が明確に分かれる傾向が顕著になっている。政治社会の分断が鮮明になり、二大政党の対立も激化している現状では、大統領や連邦議会の支持率が半数を大きく上回ることは考えにくくなっている。

(2) 選任方法に対する疑念

大統領

統治機構の構成員の選任方法に対する疑念が強まっていることも、統治機構に対する不信を生みだしている。大統領は、長らく国民を統合する存在と認識されてきた。しかし今日では、大統領選挙がむしろ分断を招く原因となり、大統領が国民全体を代表する存在とは認識されなくなっている。

四年に一度、一一月に行われる大統領選挙の一般投票は、五〇州と首都ワシントンD.C.に割り当てられた選挙人の数をめぐって争われる。五〇州のうち四八州は一票でも多くの票を獲得した候補がすべての選挙人を獲得するという勝者総取り方式を採用している。そして四〇以上の州では有権者のイデオロギー構成や支持政党を見ると、どちらの政党が勝利するかが明白である。二〇二〇年の大統領選挙の際には、二大政党が実質的な選挙戦を展開したのは一〇州と二つの選挙区のみだったと、『ワシントンポスト』は指摘している。例えばカリフォルニア州は圧倒的に民主党が優位に立っているため、二大政党が選挙戦を積極的に展開する誘因を持たない。大統領候補が同州に入ることがあっても、その目的は献金者との面会であることが多い。近年、フロリダ州が接戦州ではなく共和党優位州となったため、二〇二四年選挙では選挙戦が展開される範囲はより狭くなると予想される。『ワシントンポスト』の調査によれば、二〇二〇年に選挙戦が展開された地域に居住していた人口は全国民の約二〇%だったが、フロリダ州が除外されれば一八%となる。

そして今日では選挙戦術が極めて洗練されてきており、投票先を変える可能性がある人々や、投票か棄権かを迷っている人々が持つ属性が明らかにされている。そのため、二大政党は彼らのみをターゲットとした選挙戦を展開する。候補者が集める選挙資金は極めて高額になっているが、それがごく一部の人のみを対象として用いられているのである。

二〇二四年の大統領選挙においては、実質的には七つの州（ミシガン、ペンシルヴェニア、ウィスコンシン、ネヴァダ、アリゾナ、ジョージア、ノースカロライナ）の結果によって勝敗が決まるのではないかと指摘されている。序論でも指摘したようにこれら七州では二大政党が拮抗していて、場合によれば、二大政党のパフォーマンスではなく、第三の候補として登場した人物がどの候補の足を引っ張るかによって結果が変わる可能性すらある。

このように、今日では、民意を反映した人物が多数者の支持を得て大統領になるという状態ではなくなっており、実質的にはごく一部の人の意向によって決定されている。極論すれば、残りの大半の国民が投票してもしなくても、選挙結果に影響は及ばないのである。

このような結果として、いくつかの興味深い現象が発生する。まず、大統領選挙の際の投票率はせいぜい五〇％程度と低い。有権者登録が必要なことや投票妨害などさまざまな要因が指摘されているが、多くの地域の住民にとって、投票に行っても行かなくても選挙結果が変わらないということも重要な意味を持っているだろう。大統領選挙の際の投票率が半分程度であるという状態になると、選ばれた大統領に不満を持つ人は、「あの大統領は国民の多数派によって選ばれたわけではない」という主張を受け入れやすくなってしまう。

また、大統領選挙では、選挙の際により多くの票を獲得した候補が大統領に選ばれないという現象が発生する。例えば二〇一六年選挙の際には、民主党のヒラリー・クリントンがトランプよりも多くの票を獲得したにもかかわらず、敗北した。先ほど説明したことを考えれば、これも全く不思議ではない。民主党が圧倒的に優位に立つカリフォルニアやニューヨークでも、共和党が圧倒的に優位に立つオクラホマやアラバマでも、選挙の勝敗は明白なので、投票に行こうという情熱が薄くなっても不思議ではない。したがって、選挙の際に投じられた票の数が民意を反映しているという前提を置くこと自体が間違っているだろう。だが、より多くの票を獲得した人物が大統領となるのは当然だという認識を持つ人からすれば、より少ない票しか獲得できなかった人物が大統領に就任するのは受け入れがたいのだろう。

大統領の選任手続きに関する疑念が最も強くなったのは、二〇二〇年の大統領選挙である。コロナ禍で行われた同選挙では、かつてない規模で郵便投票が行われた。その結果、投じられた票数でも選挙人の数でも民主党のジョー・バイデンが勝利したが、トランプとその支持者は選挙結果が不当に盗まれたとの主張を繰り返した。そして、連邦議会が選挙人の投票を踏まえてバイデンの大統領就任を決定することになっていた二〇二一年一月六日に、トランプ支持者が連邦議会議事堂を襲撃する事件が発生した。この余波はその後も続き、二〇二二年の中間選挙の際にも、連邦議会選挙に出馬したトランプ派候補が、自分が勝利した場合にのみ選挙結果を認めると主張するなど、選挙管理に対する疑念を突きつけたのである。

連邦議会

連邦議会に対する支持率は、大統領に対する支持率よりも低い。その低さは、連邦議会議員の選任手続きにも深く関係している。

連邦議会は上院と下院の二院からなっている。下院は全米を四三五の選挙区に分け、二年ごとにすべての議員が選挙に臨む。四三五の議席は五〇州に人口比例で割り当てられ（どの州も少なくとも一議席を獲得する）、州内での一票の格差が発生しないように各州が一〇年に一度選挙区割りを行っている。選挙はすべての選挙区から一人ずつの議員が選出される小選挙区制で行われる。上院は各州に二名ずつが割り当てられているため、一〇〇人の議員で構成されている。その任期は六年である。上院議員は州全域を選挙区として一名ずつ選ばれることになっていて、二年ごとに約三分の一ずつ入れ替えることになっている（したがって、いずれの州も六年で三度選挙の時期を迎えるが、州内で選挙が行われるのは二回のみである）。

このうち連邦議会下院に関しては、驚くべきことに、現職で再選を目指す者の再選率は九五％を超えている。その理由としては、現職議員には交通費や通信費が支給されること、またメディアの注目を得て知名度が上がりやすいことがある。また、下院については一〇年ごとに国勢調査の結果に基づいて選挙区割りが行われるが、その際には現職に有利な区割りがなされる傾向がある。さらには、現職議員は選挙区に公共事業などの恩恵をもたらす政策を実施する傾向がある。アメリカ国民も一般論としては公共事業に反対するが、公共事業を持ってきてもらった選挙区内では現職政治家に対する支持が強まる。その結果として、連邦議会全体に対する不信が強まる一方で、現職政治家の再選率は高まるというパラドックスが発生する。連邦議会に対する不信が強まり、変革を求める声も強いにもかかわらず、議会の構成は選挙を経ても大きく変わることがないのである。

他方、上院については下院と比べると再選率が低くなっている。その理由としては、上院議員は州全域を選挙区としているため、都市部と農村部の両方の有権者の支持を獲得しなければならないことがあるだろう。上院議員は相対的に穏健な立場をとる人も多い。なお、今日では州内でも都市部と農村部の感情的な対立は強くなっている。そのため、極端な見解を支持する人からすれば、上院議員は批判の対象となる。ポピュリズムの結果として、上院に対する不信感も強まっているのである。

裁判所

政治不信は法の支配を体現する機関であるはずの裁判所にも及んでいる。二〇二四年七月にギャラップ社が行った世論調査では、連邦最高裁判所に対する支持率は四三％と低くなっている。アメリカにおいて連邦最高裁判所は、民主政治を守る機構と位置づけられることもあった。代表的なのは、二〇〇〇年大統領選挙の結果をめぐる動きである。民主党候補のアル・ゴアと共和党候補のジョージ・W・ブッシュが争った同選挙の最終的な勝敗はフロリダ州の結果によって決まることとなったが、同州の結果は僅差であり、集計方法の妥当性をめぐって二大政党間で対立が生じた。その際には憲政上の危機が語られたが、連邦最高裁判所が最終的にブッシュに有利な判決を出すと、同判決の結果を受け入れるべきだとの態度を世論も示した。これは当時、連邦最高裁判所に対する信頼度が高かったこと、そしてその正統性が認められていたことの反映である。

だが、今日の連邦最高裁判所はそのような信頼を得ていない。二〇二二年六月に連邦最高裁判所は一九七三年に出された「ロー対ウェイド判決」を否定し、人工妊娠中絶の権利を否定した。伝統的には連邦最高裁判所が重要な判決を下すと、短期的には反発を招くことがあるとしても、長期的には最高裁判所が採用した立場に向けて世論も変動するとされてきた。だが、民主党支持者は同判決に強く反発し、判決を受け入れる見込みはない。

連邦最高裁判所の正統性が、とりわけ民主党支持者の間で揺らいでいることには、四つの理由が考えられる。第一は連邦最高裁判所の判事の欠員補充をめぐる問題である。具体的には、共和党の上院院内総務を務めていたミッチ・マコーネルが、二〇一六年と二〇二〇年で異なる対応をしたことである。二〇一六年二月に保守派判事が死亡した際、民主党のオバマ大統領が後任指名をしたものの、マコーネルは、大統領選挙の年に最高裁判事が死亡した場合の後任は、大統領選挙で勝利した人物が指名するべきだとした。だが、二〇二〇年九月にリベラル派判事が死亡した際には、トランプが後任指名をすると、マコーネルは上院で承認手続きをただちに行ったのである。

第二に、二〇一八年にアンソニー・ケネディ判事が引退を表明した後、トランプが指名した保守派のブレッド・カバノーに一〇代の頃に性的暴行事件を起こしたとの疑惑が複数存在したことである。

第三に保守派判事のクラレンス・トーマスとサミュエル・アリトに、共和党大口献金者から接待や便宜を受けていた疑惑が相次いで浮上したことである。保守派判事が豪華な接待を受けて、一般国民とはかけ離れたよい暮らしをしているとの印象が最高裁判所の正統性を傷つけたのである。

第四に、連邦最高裁判所判事が、実は就任時点で幅広い国民からの支持を得られていないことが問題だという指摘もある。連邦最高裁判所判事は大統領が指名した人物を連邦議会上院が承認することで、その民主的正統性を担保している。だが、現在の連邦最高裁判所では、W・ブッシュとトランプという、ともに当選時に選挙人票で多数を握ったものの一般投票数では敗北した大統領が任命した判事が多数を占めている。

また、連邦最高裁判所判事の承認を支持した上院議員が代表する各州の有権者の数を合計し、それが全国民中に占める割合を調べてみると、保守派判事六名のうち四名が五〇%を下回っている。具体的にはトーマスが四九%、ニール・ゴーサッチが四五%、カバノーが四四%、エイミー・バレットが四八%で五〇%を下回っており、アリトも五一%で辛うじて五〇%を超えているだけである。首席判事のジョン・ロバーツは六四%である。他方、リベラル派判事については、ケタンジ・ブラウン・ジャクソンが五七%、エレナ・ケイガンが六五%、ソニア・ソトマイヨールが七二%と、いずれも五〇%を上回っている。

連邦最高裁判所判事の選任は規則に基づいて行われているため、手続き的な意味での正統性は担保されている。だが、保守派ブロックを構成する判事が一般投票で多数の支持を得られなかった大統領によって指名され、その就任をよしとしなかった上院議員が代表する国民の数が総人口の半数を上回っていることが、連邦最高裁判所に対する不信の源となっている可能性はある。そして、そのように正統性に疑念を抱かれている連邦最高裁判所が影響力の大きな判決を出していることに疑念が呈されているのである。

(3) パフォーマンスに対する不信

大統領と連邦議会

各機構の構成員が党派性を帯びた行動をとるようになった結果、パフォーマンスに対する不信も強くなっている。

アメリカでは分割政府が発生する可能性がある。大統領制の場合は、行政部の長を選ぶ選挙と立法部の構成員を選ぶ選挙が独立して行われており、立法部が行政部の長を選出するわけではない。連邦議会で上院と下院における多数派の政党が異なる場合が存在するのに加えて、仮に議会の上下両院を支配する政党が同じ場合であっても、行政部の長（大統領）の所属政党が異なる場合がある。大統領の所属政党と連邦議会上下両院の多数党のすべてが一致する状態のことを「統一政府」と呼び、いずれか一つでも異なる場合は「分割政府」と呼ぶが、分割政府という現象が政治の混乱を招いている。

法律を制定するには連邦議会の上下両院で同一内容の法案を採択し、その上で大統領の承認を得る必要がある。だが、分割政府のもとではそのハードルが高くなる。かつては、分割政府の時期と統一政府の時期で、重要法案の成立数はさほど変わらないと指摘されていた。さらには、分割政府のもとでは二大政党は対立しつつも立法上の業績を出す必要があることから、二大政党の構成員が知恵を搾って従来とは全く異なるアイディアに基づいて政策革新を達成するようになるという研究すら存在した。

だが、近年では政党規律が強くなっていることもあり、分割政府のもとでは立法活動が困難になっている。二大政党間での協調が可能な場合であっても、二大政党の差が小さくなっている状況では、他党との違いを鮮明にした方が再選を実現する上で有利になるとの判断から、戦略的に合意を避けて多数派の意向を潰そうとする試みもなされている。大統領も、かつては全国民を代表する存在として党派を超えた行動をとろうとすることがあったものの、今日では党派性を強くしている。その結果として、分割政府のもとでは予算すら通過しにくくなり、政府一時閉鎖の危険性も増している。

分割政府のもとでの政治的膠着現象が非常に顕著になったのが二〇二三年である。二〇二三年に成立した法律はわずか三〇本であり、二〇二一年と二二年の平均と比べて八割減となった。同じく分割政府の際でも、例えばオバマ政権の時代には年平均二八〇本ほどの法律が通ったことと比べれば、驚くべきだろう。このような形で立法活動が機能不全に陥っていることが、議会と大統領に対する不信を招いているのである。

そして、連邦政界がまともに機能しないことを踏まえ、ワシントン政治の素人を大統領や議員に選出することによって政治の変革を試みようとする動きも見られている。だが、そのようにして選ばれた、連邦政界の実情に詳しくない人々は、充分な調整も立法活動も行うことができない。

このような状況下で大統領が採用するのが大統領令である。アメリカの大統領令は行政部門を律するためのものであり、立法を代替するものではないので、諸外国における大統領令と比べれば影響力は低い。とはいえ、大統領令は世論や他部門（立法部門や州政府）の反発を招く可能性があり、その妥当性をめぐって訴訟が頻繁に提起されている。これらの結果、政治不信がさらに強まる構図になっているのである。

司法部

パフォーマンスに対する不信は、司法部にも及んでいる。司法部門は国論が分かれた争点について評価を下す傾向が強いため、判決内容によっては強い反発を受ける可能性がある。連邦裁判所の判事の任期は終身であり、議会や大統領のように国民の審判を受けるわけではないが、彼らも国民からの支持を重視している。連邦最高裁判所に対する国民の支持と、立法部門や行政部門に対する国民の支持の強さを比較して、前者が強い場合は連邦議会や大統領も司法部の判断を（当然ながら）受け入れるだろう。だが、連邦最高裁判所に対する支持が低下している状態では、連邦議会も大統領も、連邦最高裁判所の下した判決を批判することで自らに対する支持を強化しようとするかもしれない。連邦最高裁判所に対する信頼度が低い場合は、大統領が判決に沿った政策執行をしないかもしれないし、連邦議会が判決を覆す内容の法律を制定しようとするかもしれない。

個々の判事がその信念に基づいて判断を下すことは重要だが、裁判所自体の威信が低下してしまっては意味がないため、連邦最高裁判所の判事は組織的利益の増大を目指して世論の動向を踏まえた決定を行う傾向もある。例えば二〇一五年に同性婚を合法化する判決を下したのは、世論の変化を受けての判断だとされている。同性婚に関する世論は、反対が六割程度、賛成が四割程度という状態が長く続いていたが、二〇一一年を境に、賛成が六割、反対が四割と逆転した。

このような判断を行う上で、九名の判事のうちイデオロギー的に中間の立場に立ち、キャスティングボートを握る人物が重要な役割を果たしてきた。同性婚が合法化された際には判事の構成は保守派四名、リベラル派四名、保守寄り中道派一名の状態だったが、中道派のケネディ判事が世論の動向を踏まえて判断を行ったとされた。そして、二〇一六年にリベラル派判事が死亡して連邦最高裁判所の構成が保守派五名、リベラル派三名、保守寄り中道派一名となった後は、九名中イデオロギー的に真ん中に位置することになった主席判事のロバーツは、穏健な判断を頻繁にとるようになった。そもそも彼は主席判事として最高裁判所が正統性を確保することを強く意識しており、二〇一二年にオバマ・ケアの合憲性が問われた際にも、同法に対する国民の支持の高さを考えて、同法を合憲と認める判決文を執筆した。

だが、穏健派のケネディの引退と保守派のバレットの就任によって連邦最高裁判所の構成が保守派六名、リベラル派三名と保守派優位の傾向がより鮮明になり、ロバーツがどのような行動をとっても保守的な判決が出ることが想定されるようになると、ロバーツは論争的かつ重要な判決についても保守的な判決を下すようになった。これはむしろ、裁判所の構成が保守優位になったのを受けて、保守的な判決の重みを増大させるために自らも保守的な立場をとることが連邦最高裁判所の利益に資すると判断した結果なのかもしれない。だが、これ以降、連邦最高裁判所判事は党派的な行動をとるという認識が、とりわけ民主党支持者の間で強くなったのである。

アメリカの民主政治の危機？

今日のアメリカ政治は分断と対立激化をキーワードとしているが、その傾向は立法部、行政部、司法部のいずれにも及んでいる。国民から支持を得るという場合にも、さまざまな場合が考えられるだろう。政治学者のデイヴィッド・イーストンは、特定的支持と拡散的支持という表現を用いて国民の支持を区別している。特定的支持とは自らの要求と照らしてアウトプットを肯定的に評価した時に与えられる支持の態度であり、パフォーマンスに対する満足度を意味している。これに対して拡散的支持とは、自らの利益や選好に反するアウトプットが出された場合にも、それを受け入れるような好意的態度のことであり、これを得ることが正統性といえるだろう。

今日のアメリカでは、三権のいずれもが拡散的支持を得ることができなくなっている。行政部、立法部に関しては、特定的支持を獲得することでその民主的正統性を確保しようとするだろう。だが、そのような支持には限界があり、統治機構がその正統性を強める上では、拡散的支持を獲得することが望ましい。

統治機構が正統性を確保できない状況が続けば、民主主義の権化としてのアメリカのアイデンティティ・クライシスが強まるだろう。また、民主主義を実践する国として、アメリカが持つソフトパワーも低下するだろう。今日のアメリカでは、このような根本的な問題も問われているのである。

第3章　なぜアメリカは分断しているのか？

現在のアメリカは過去のアメリカの歴史をたどってみてもほぼ例がないほど、社会の分断が激しくなっている。本章ではアメリカ社会の政治的な分断を意味する「政治的分極化」について、その原因と影響を論じる。そして、今後、この分断が何らかの形で収束する可能性はあり得るのか、考えてみたい。

政治的分極化

そもそも本章で、あるいは他章でもふれる「分断」とは保守層とリベラル層の立ち位置が離れていくだけでなく、それぞれの層内での結束（イデオロギー的な凝集性）が次第に強くなっていることを示す。このように国民世論が保守とリベラルという二つのイデオロギーの極（polar）で大きく分かれていく現象であるため、政治的分極化（political polarization）という。政治的分極化の現象のために、政党支持でいえば保守層はますます共和党支持になり、リベラル層は民主党支持で一枚岩的に結束していく状況を生み出している。政治的分極化は「二つのアメリカ化」現象でもある。

政治的分極化現象はここ四〇年間で徐々に進み、ここ数年は、ちょうど右派、左派の力で大きく二層に対称的に分かれた均衡状態に至っている。

かつては民主党と共和党との議会での立ち位置は、現在よりもかなり中道に寄っていたため、主要な法案においての両党間の妥協も容易だった。アメリカの政党の最大の特徴は、議会での党としての規律が緩やかなことであった。一九八〇年代くらいまでは、両党内が大きく二つに割れて、別の党の政策位置が近い議員らと協力して法案を通すことも極めて一般的であった。特定の法案に協力し合うために党を超えての票の貸し借り（ログローリング）も頻繁に行われた。

緩やかな政党という特徴は現在でもルール上は継続されており、そもそも党議拘束すらない。政党の議会内執行部（院内総務、院内幹事など。下院の多数派の場合、下院議長も含む）の方針に抵抗する議員も少なくない。

しかし、一九七〇年代から南部での共和党勢力の拡大、党内の組織改革が行われたことなどの影響によって各政党内でのイデオロギー的な結束が強まったことや民主・共和両党間のイデオロギーの差の拡大などから、政党の党議拘束もしだいに強化されてきている。両党間の妥協は少なくなり、両党間の対立が激しくなるなか、現在では党を超えた協力は主要法案ほど難しくなっている。政策形成の舞台においての政治エリートの分極化現象では、現在はアメリカ政治がかつて経験したことがないレベルでの政党間の対立が激化し、イデオロギー対立が深刻化している。

状況をさらに複雑にしているのが、近年頻繁に起こっている分割政府（divided government）の問題である。

分割政府とは大統領を擁する政党と議会の上下院のどちらか（あるいは両方）の多数党が異なる状況を示す。一九三〇年代のニューディール期から一九九〇年代まで続いた下院での民主党の圧倒的な優位といったような状況ではなく、議会においては両党の議席が比較的接近している。さらに政治エリートだけでなく、国民世論も民主党支持と共和党支持とが過去にないレベルで拮抗していることを意味する。民主・共和両党の対立が進むなか、分割政府が恒常化し、法案の立法化が全く進まずに政策形成のグリッドロック（行き詰まり）化をもたらす政治システム上の問題がますます露呈するようになりつつある。

対立のために動かない政治

政治的分極化と拮抗の結果である分割政府が生み出すのは全く動かない政治である。バイデン政権初期の第一一七議会（二〇二一年一月から二〇二三年一月）の場合、大統領の政党といずれもわずかながら上下両院の多数派政党は民主党の「統一政府（unified government）」であり、議会民主党はバイデン政権と連動する形で、新型コロナ対策（二〇二一年三月成立）、インフラ整備法（二〇二一年一一月成立）、気候変動対策・子育て支援などの教育対策（「インフレ削減法」、二〇二二年八月成立）と次々に革新的な法案を立法化させた。いずれもバイデンの二〇二〇年大統領選の公約であり、長い間上院議員を務めたバイデンの経験を活かした議会対策も功を奏した。

しかし、この三つの立法は規制強化や財政支出を伴うリベラル派寄りの政策であったため、財政保守派は「大きな政府だ」と強く反発した。この保守派の反発もあり、二〇二二年中間選挙では下院で共和党が伸張し、わずかだが多数派となった。この選挙の結果を受けた第一一八議会（二〇二三年一月から二〇二四年一月）では、上下両院でねじれる分割政府となった。これ以降、ウクライナ政策、気候変動、所得再分配的な各種政策などバイデン政権が推進する立法はことごとく下院の共和党側の反対でブロックされるようになっていた。

このように、政党対立のために動かない政治が続いている。特に二〇二三年六月の大きな争点だった債務上限引き上げについては、党派対立でらちが明かず、バイデン大統領が広島でのG8サミットなどに参加する日程を大幅に減らして、共和党側との交渉の席につかなければならなかった。

議会の公式記録が掲載されている「Congress.gov」によると、この原稿を書いている二〇二四年八月一四日の段階で第一一八議会での立法数は七八であり、極めて少ない。残り四カ月以上あるのでこの数字がどれだけ伸びるかはまだわからないが、第二次大戦以降過去最低が第一一二議会（二〇一一年一月から二〇一三年一月）の二八四に及ばない可能性もかなりある。このまま史上最低の数の立法数となる可能性が高いとされている。

立法の数は近年減りつつある。一九五〇年代から六〇年代にかけては一〇〇〇以上の法案が立法化されている（最高は一六五五年一月から一九五七年一月の第八四議会の一九二一）が、一九七〇年代には二年平均七〇〇、八〇年代には六〇〇、九〇年代には四〇〇、近年は三五〇程度であり、分極化の進展とともに、立法化される法案の数も減っている傾向にあるようにみえる。

近年のアメリカ政治は「分極化＋拮抗」が特徴であるため、大きな政策変更を行うと常に対立する側から猛烈な否定論が出るなど常に対立状態が続いている。特に、分割政府になった瞬間に主要な政策の立法化がほぼ完全に止まる「グリッドロック（gridlock）」という膠着状況に陥る。

バイデン政権の四年間の一連の流れは、近年は常態化している同じパターンであり、まるでデジャブのようだ。トランプ政権（共和党）では、第一一五議会（二〇一七年一月から二〇一九年一月）は、上下両院のいずれも共和党が多数派を占める統一政府であり、二〇一七年一二月には大型減税を立法化させたが、その後の二〇一八年中間選挙で民主党が下院の多数派を奪還し、第一一六議会（二〇一九年一月から二〇二〇年一月）に分割政府に戻り、全く動かない議会となった。この議会の膠着状態は、二〇一八年一二月から過去最長となった三五日間続いた政府機関の一部停止が象徴的であろう。トランプがこだわったメキシコ国境の壁建設費をめぐる対立が背景にあった。

オバマ政権初期の第一一一議会（二〇〇九年一月から二〇一一年一月）の場合、大統領の政党と上下両院の多数が民主党の統一政府であり、議会民主党はオバマ政権と連動する形で、大型景気刺激策（二〇〇九年二月成立）、医療保険改革＝オバマケア（二〇一〇年三月成立）、金融規制改革法案（二〇一〇年七月成立）と次々に革新的な法案を立法化させた。いずれもオバマの二〇〇八年大統領選の公約であり、オバマ政権の最初の二年間が輝いていたようにみえた理由の大きなものはこの三つの立法のためであった。しかし、この三つの立法は保守派の怒りを買い、これが保守派のポピュリスト運動であるティーパーティ運動を生みだした。この保守派の反撃で、二〇一〇年中間選挙では上下院で共和党が大躍進し、特に下院では一九四八年（民主党七五議席増）以来、最大の六三議席増を記録した。この選挙で下院の多数派党が民主党から共和党に代わり、この選挙の結果を受けた第一一二議会（二〇一一年一月から二〇一三年一月）では、移民法改革や最低賃金引き上げなど、オバマ政権が推進する政策に関連する立法はことごとく下院の共和党側の反対でブロックされるようになり、重要なものはオバマ政権が終わるまで成立することはほとんどなかった。最初の二年では輝いていたようにみえたオバマ政権はどんどん色あせていった。

特に後述する外交政策では激しい党派対立も重要な局面では収まったため、「政治は水際で止まる(“politics stops at the water's edge”)」とまでいわれた状況がかつては長く続いた。現在はこのような言葉が白々しく感じられる対立が続いている。分断は国力にとって大きなマイナスであるだけでなく、修復には時間がかかる。その意味で政策運営上、アメリカ社会は南北戦争以来、おそらくもっとも分断の危機に直面している。

世論の二極化

それではなぜ分極化が進んでしまったのだろうか。

政治エリートのリベラル化現象は、アメリカ世論の二極化現象を反映したものである。第二次大戦後のアメリカ社会のリベラル化現象がその発端にあり、ちょうど反作用のように保守層の反発も強くなっていくなかで、世論の上でも現在のような息が詰まるような均衡状況に至っている。

一九五〇年代からの多文化主義的な考え方を受容する動きが顕在化し、公民権運動に代表されるような人種融合的な政策などがその後時間をかけてアメリカ社会の中で支持されていった。南北戦争(一八六一〜一八六五)後の奴隷解放のあとでも、投票税や識字テストのようなアフリカ系アメリカ人(黒人)住民を投票から実質的に排除する制限が課され、通称「ジム・クロウ法」と呼ばれた人種隔離のための州法が南部を中心に長年存在していた。しかしキング牧師らが中心となって人種差別撤廃を求めた公民権運動の結果、一九六四年に「公民権法」が成立し、法的な平等が保障され、人種差別的な措置は撤廃されていった。

このような各種の社会的リベラル路線を強く反映した争点に対しては、国民の一定数は積極的に受け入れるのに対し、南部や中西部の人々を中心に、反作用のように保守層の反発も強くなっていく。一九七〇年末から、リベラル化と逆の動きとしての保守化が進んでいく。

特に、第二次大戦前後のニューディール政策以降続いてきた所得再分配的な考えに基づく政府の強いリーダーシップによる福祉国家化（経済リベラル路線）についても、国民世論は大きく分かれていく。リベラル層は強く支持しているものの、保守層は強く反発し、「レーガン革命」以降の「小さな政府」への志向が強まっていく。保守派（伝統主義者）とリベラル派（進歩主義者）の間における、価値観の衝突である「文化戦争（culture war）」が国民世論を分断させていくようになる。妊娠中絶、同性婚、銃規制、移民、政教分離、地球温暖化などの「くさび形争点（wedge issues）」は、この文化戦争の戦いの中心に位置する。このような多文化主義的な動きには、一九六〇年代なら公民権運動に代表されるような人種融合的な政策、七〇年代から八〇年代にかけての男女平等憲法修正条項（ＥＲＡ）をめぐる女性運動、六〇年代から現在まで続く女性の権利としての妊娠中絶擁護（プロチョイス）運動、あるいは、二〇〇〇年代以降の同性婚容認といったものが挙げられる。

アメリカ社会のリベラル化は一九五〇年代から顕著になっていく。一九五〇年代からの多文化主義的な考え方を受容する動きが顕在化し、公民権運動に代表されるような人種融合的な政策などがその後時間をかけてアメリカ社会の中で支持されていった。

各種の社会的リベラル路線を強く反映した争点に対しては、国民の一定数は積極的に受け入れるのに対し、ちょうど反作用のように保守層の反発も次第に強くなっていく。さらに、第二次世界大戦前後のニューディール政策以降続いてきた所得再分配的な考えに基づく政府の強いリーダーシップによる福祉国家化（経済リベラル路線）についても、国民世論は大きく分かれていく。リベラル層は強く支持しているものの、保守層は強く反発し、「レーガン革命」以降の「小さな政府」への志向が強まっていく。このような世論の変化を背景に、政党支持についても一九七〇年代後半以降変化していく。この政党再編成（party realignment）の動きと政治的分極化は軌を一にする。それ以前の南部は南北戦争以前から続く、民主党の地盤であった。民主党内でも保守を掲げる議員が南部に集まっており、東部のリベラルな民主党議員と一線を画する「サザン・デモクラット」として党内の保守グループを形成していた。しかし、一九八〇年代以降、キリスト教保守勢力と緊密な関係になった共和党が南部の保守世論を味方につけ、連邦議会の議席を伸ばし、州政府も圧倒する。こうして、「サザン・デモクラット」に代わり、南部の共和党化が一気に進んでいく。東部の穏健な共和党の議員が次第に引退するとともに、「民主党＝リベラル＝北東部・カリフォルニアの政党」「共和党＝保守＝中西部・南部の政党」と大きく二分されていく。

多文化主義の台頭以外にも、分極化にはさまざまな原因が挙げられている。例えば、連邦議会下院選挙区割りの問題もある。一〇年ごとの国勢調査を基にした選挙区割り改定を担当するのは各州議会で多数派を取っている政党であり、自分たちにとって有利な選挙区割りを行うケースが目立ってきた。ゲリマンダリング（28頁参照）に近い区割りの選挙区は議員の政治イデオロギーの強化（純化）につながり、分極化が進んでいくというメカニズムである。

ここ数年、両党の議席数は比較的近いため、民主党と共和党とが激しくぶつかり合い、全く妥協できない状況が続いている。かつては民主・共和両党ともに中道保守的な傾向があり、両党の間の妥協は比較的容易だったのがおとぎ話のようである。

分割政府の恒常化

ただ、そもそも、民主・共和両党の対立が激しくなっても、どちらかの政党が優勢なら法案成立から政策運営までスムーズに流れていくはずである。

どちらかの政党が上下両院で多数派を占め、大統領もその政党という統一政府だが、分極化が進んだ過去四〇年という時代は、大統領の政党と、議会の上下院のどちらかの多数党が異なる「分割政府（divided government）」が恒常化した時代と重なっている。分割政府の恒常化の理由は、かつては政党離れの一形態として、大統領と議会の政党を分けて投票し、どちらの政党も優位にならないように配慮するという分割投票（split-voting）が原因であるという説もあったが、近年は分極化で両党が拮抗するなか、どちらの政党も圧倒的に優位になりにくいため、たまたま大統領と議会の多数派の政党が分かれてしまうということかもしれない。

大統領の政党と上下両院の多数派のいずれかが別の政党が占めるこの分割政府はアメリカの歴史で頻繁に起こってきた。しかし、過去と異なるのは、政治的分極化で民主党と共和党の立ち位置が離れるとともに勢力も拮抗しているため、議会内での党派を超える妥協が難しいことだ。そのため、分割政府になると、議会での審議がいつも止まってしまう。政治的分極化と分割政府の恒常化が重なることで、民主・共和両党の対立が激化し、立法化が全く進まずに「政策形成のグリッドロック（膠着状態）」化も日常化する。

日本でも、衆参両議院の多数派が異なる「ねじれ国会」の場合は法案成立から政策運営まで大きく滞ってしまう。アメリカの分割政府の場合は、ねじれ現象が上下両院だけでなく、さらに大統領も関連しており、日本以上に複雑になる。

党内の結束強化がもたらした「妥協できない政治」

さらに、厄介なことに、連邦議会内では、民主党と共和党という二つの極で左右に分かれるのと同時に、党内の結束も強くなった。政党対政党の対立という構造は日本など議院内閣制の政党制の国と似ているため、「アメリカでも民主党対共和党という政党対立が激化し、両者の対立が拮抗している」といえば想像しやすいかもしれない。ただ、注意すべき点は、前述のようにアメリカの政党は、開放的で緩やかな党規律を持っているため、その性質も政治的分極化で変わってきたという事実である。例えば、かつては弱かった政党の党議拘束も次第に強化されてきた。一九七〇年代ぐらいまでは、議会内の主要法案の投票の賛否については民主・共和両党いずれも五割強のまとまりしかなかった。逆に言えば共和党、民主党の議員のうち、ほぼ半数は対立党の議員と同調していたことになる。この法案における政党結束投票（party unity vote）の率は近年には九割以上に高くなっている。政党内の同化圧力が非常に強くなっている状況は、かつてのアメリカの緩やかな政党とは大きく異なっており、欧州や日本などの議院内閣制の諸国の政党に少しずつ近づきつつある。

メディアの分極化

ところで、この世論の二極化を受けて、アメリカの政治報道も大きく変わりつつある。「保守」と「リベラル」のいずれかの政治的立場を明確にし、「報道」というよりも「政治ショー」といったような内容の番組がCATV（および衛星放送）の二四時間ニュース専門局などで発信され、それを情報源とする国民が増えている点である。アメリカの政治と社会が「保守」と「リベラル」の両極に分かれつつある状況がマスメディアにも影響しているといえる。

この「メディアの分極化」は一九八〇年代の規制緩和がきっかけとなっているとみられている。一九三四年に成立した「連邦通信法（Federal Communication Act of 1934）」では、公共の放送における政治についての情報が公正なものであるべきであるという「フェアネス・ドクトリン（公平原則）」が導入された。例えば、テレビやラジオで政治関連の内容を取り扱う場合、二大政党やその党の候補者にほぼ同じ時間を割いて報道させることが義務づけられていたが、規制緩和の流れの中で一九八七年にフェアネス・ドクトリンが撤廃され、メディア側の自由裁量部分が大きくなっていった。規制緩和によりコンテンツの自由度が広がるとともに、イデオロギー色が強い政治情報提供も許されるようになった。

ケーブルテレビの二四時間ニュースチャンネルの登場や、インターネットの爆発的普及により政治情報が偏在化するなか、それぞれのメディアが生き残り戦略の確立を急ぐ必要に迫られている。マーケティング技術の定着でメディア界全体がユーザーごとにセグメント化されるなか、雑誌と同じように、政治報道も「ニッチ市場」の開拓を目指し、政治情報の内容を分けて提供するようになったと考えられるかもしれない。そのため、「マーケット」に合った政治情報を提供する傾向が顕著になり、「メディアの分極化」が進んでいく。

メディアが明確に政治イデオロギーを表明し、特定の政治アクターに焦点をあてて報じることによって、メディアはインフラであることを超え、主体的な意志をもってどちらかの政治勢力を応援する政治アドボカシー（政策の代弁）を行うアクターの一つとなっているという見方である。各政治アクターは自分の政治色にあったメディアと親和的な関係になり、メディアは特定の政治的立場からの報道を続けて政策に影響を与えていく。アクターとしてのメディアが使う評論家は客観的なコメンテーターではなく、特定の政治イデオロギーの立場から発言することで特定メディアの代弁者となっている。「メディアの分極化」については、最初はラジオが先行していたが、テレビに続き、新聞も一部で顕著になってきた。ただ、あくまでも政治のインフラとしての立場にとどまろうとするメディアも健在ではある。

構造化する対立

このように、保守化への動きに反発するようにリベラル側にはさらに左傾化していく傾向も明らかになっており、世論の二分化はさらに目立っていく。このリベラル側の左傾化については、複雑であり、例えば人種マイノリティの場合、人種差別的な措置は撤廃されたが、人種をめぐる複雑な意識というアメリカが抱えてきた長年の問題は当然、すぐには消えない。それがさまざまな不平等感として人種的マイノリティの間では強く残る結果につながっており、保守化が進めば、よりそれに反発するような土壌が生まれていく。

例えば法執行機関のアフリカ系に対する暴力的な捜査については、ここ数年、リベラル派と保守派の意見の相違が際立っている。二〇一四年夏には、違法行為を犯した可能性があるものの、丸腰だったアフリカ系成人男性が白人警官に殺された事件に関連して、警察の取り締まり手法をめぐる抗議デモが全米規模に広がった。注目を集めたミズーリ州ファーガソン市とニューヨーク市とで発生した二つの事件では、複数の白人がアフリカ系の男性を制圧する映像がソーシャルメディアを通じて急速に拡散していったが、裁判ではいずれの大陪審も、アフリカ系男性を死亡させた白人警察官に対して不起訴処分という「門前払い」を決めた。そのこともあって、不満が一気に爆発する形になった。

ニューヨークの「BLM」デモ、2020年

警察捜査の科学化の中で、「不審」なマイノリティ人物の傾向や特徴を調べ上げて、それを基に職質対象とすることはどうしても避けられない傾向にある。「アフリカ系＝犯罪者の確率が高い」と判断するのは、特定の人種に対して先入観を持って取り締まる「レイシャル・プロファイリング（racial profiling）」にほかならず、差別そのものであり、道義的な問題がある。一方で警察にとってみれば、やはり犯罪を行うのは、アフリカ系の方が多いという何とも言えない悲しい現実があり、実際にアフリカ系は白人に比べて投獄される割合が六倍程度高いといわれている。保守派の方はこちらの数字を盾にリベラル派の主張が行き過ぎであると厳しく反論している。

この事件よりも二年前の二〇一二年二月にはフロリダ州サンフォードでアフリカ系少年が自警団員に射殺された事件があり、「相手が黒人だったから撃ったのでは」「アフリカ系の命は軽すぎる」「不当な取り締まり」という強い反発がアフリカ系の間で生まれていた。そうした反発をもとに二〇一三年に発足し、二〇二〇年には世界的な反差別運動に広がった「ブラック・ライブズ・マター（Black Lives Matter: BLT）」がある。この運動に対しても保守派は厳しく非難しているのが現実であり、その非難を受けて団体側の反発はより大きくなっている。

かつては奴隷制が存在したアメリカ社会にとっては、人種差別意識は歴史上の最大の汚点であるが、同時に人種差別を克服することは最大の目標でもある。一方、法的な平等が保障され、状況は改善されたのと同時に、所得再分配政策が進んでも、アフリカ系の失業率はここ数年一〇％程度で白人の四倍から五倍となっている。ただ、移民国家であり、見知らぬ人が近くに移り住んでくることが頻繁にあるアメリカにとっては、「差別が完全にない社会」はなかなか達成できない目標でもある。差別は心の問題であり、ステレオタイプでほかの人をみてしまうのが、人間の性である。このように国民世論の二分化は極めて構造的であると考えられる。

政治的・社会的分断の今後

それではこのような社会的な分断が続くことについての影響にはどのようなものがあるだろうか。まず、動かない政治に対する国民のいら立ちがあるのは間違いない。特に、連邦議会で主要な法案がうまくまとまらないことから「動かない議会」という機能不全に対する、アメリカ国民の批判は非常に高まっている。政治に対する不満が高まるなか、「怒れる白人たち」のトランプ支持に象徴されるように社会的分断が生んだいら立ちは大きい。

「敵と味方」を作り、徹底的に「敵」をたたく手法も選挙戦から全く変化がない。リベラル側のメディアとの関係も前代未聞であり、トランプは「偽ニュースだ」と頻繁に発言し続けた。メディアを選別し、「自分に都合よく報道しろ」という前代未聞の脅しでもある。

現時点では連帯の可能性の糸口はなかなかみえない。しかし、分極化が長年かかった結果であるため、それだけ連帯にも時間がかかる可能性がある。ただ、今後大きな連帯の可能性が考えられるのが、人口動態の変化というアメリカの社会そのものの変容が与える影響であろう。

国勢調査局によれば、ラテン系(ヒスパニック系)やアジア系移民の急増でアメリカの総人口に対する白人の人口の割合は現在の七割程度から二〇五〇年には五割程度に下がり、その代わりに、マイノリティ人口が増え、同年にはラテン系は二二・五%、アフリカ系は一五・七%、アジア系は一〇・三%程度になると推定している。ラテン系の人口の増加のペースは目覚ましく、一九八〇年から二〇〇〇年の二〇年間で四二%増加している。増加した数そのものはラテン系ほど多くないが、韓国系移民の急増などで、アジア系も一九八〇年から二〇〇〇年の二〇年間で倍以上(一〇四%)増加している。二〇〇一年から二〇一〇年までの一〇年間に永住権を与えられた移民の数は一〇五〇万人を超えており、一〇年単位ではアメリカの歴史上もっとも移民の数が多くなっている。

ラテン系移民やアジア系移民の増加が増えていけば、当面は低賃金労働を行う層となるとみられているため、所得再分配的な政策を選ぶ傾向が強い。そのため、所得再分配的な政策に積極的な民主党の支持層が増えていくという見方もある。過去のアメリカの支持政党の歴史をみると、有権者の多くは共和・民主の二つの選択肢で常に揺れており、本当に民主党支持者が増えているかは、今後数回の選挙を経てみないとはっきりはしないが、共和党側もより移民に寛容な政策を打ち出していかなければ時代に追いつけなくなってしまう可能性が高くなっている。

人口動態の変化の中で、各種社会的政治的争点についての新たなコンセンサスが果たして生まれるかどうか。今後のアメリカ社会の動きに注視したい。

第4章　今でもやはり「経済が重要！」なのか？

アメリカ政治における主要争点

選挙は有権者が重視する争点を明らかにするとともに、二大政党がそれにどう取り組む意向かを明らかにする機会である。ピューリサーチセンターが二〇二四年一月に行った世論調査によれば、図1にあるように、経済対策、テロ対策、政治とカネの関係、医療費、教育、社会保障などが重要争点として挙げられている。これらはいずれもかねてより指摘されてきた争点である。

また、図2に見られるように、二大政党の支持者の間で多くの争点について重要性の認識が異なることにも注意が必要である。各課題について重要と回答した人のポイント差を見ると、気候変動や環境、移民対策などについて、二大政党間で大きな相違があることがわかる。民主党支持者が医療費、環境、気候変動、人種などを重視する傾向があるのに対し、共和党支持者は移民と治安を重視する傾向が強い。もっとも、二大政党の支持者が同じ争点を重要だと考えていても、対策として想定されるものが全く異なる場合

図１　有権者にとっての政策上の優先課題

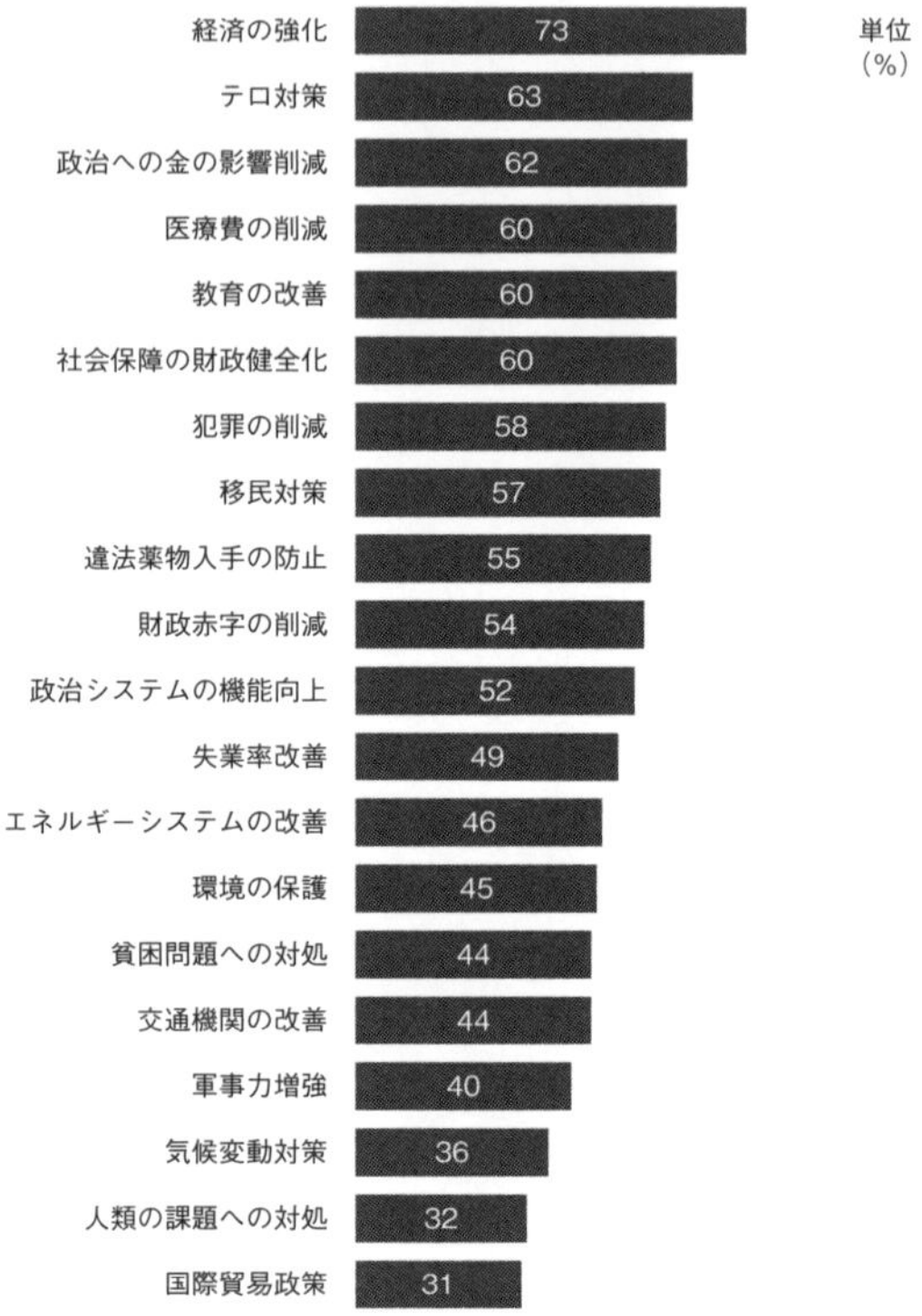

出典：ピューリサーチセンター，2024

が多いことにも留意する必要がある。

なお、ここで重要とされている争点が議会などで優先的に取り上げられて立法化されるとは限らない。例えば、二大政党の支持者ともに経済が最重要争点だと考えているものの、想定されている政策の内容は全く異なる。民主党は貧困者支援などを想定する可能性が高いのに対し、共和党は減税こそが最大の経済政策だと主張する。財政赤字への対応についても併せて検討すると、民主党は義務的経費を中心とした政府支出の維持拡大を求め、財政再建手段とし

図２　党派別優先課題

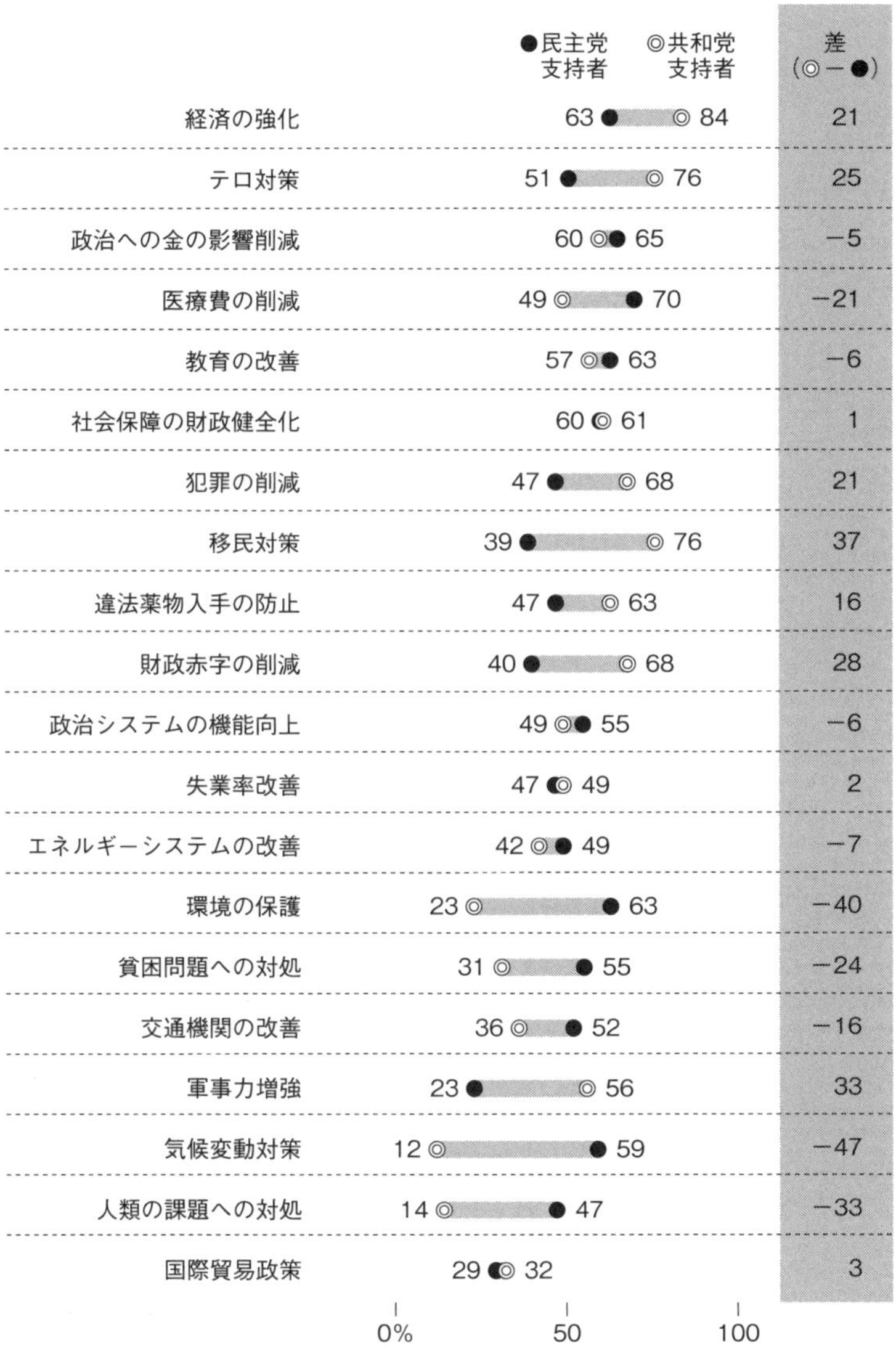
●民主党支持者
◎共和党支持者
差（◎－●）
経済の強化 63 84 21
テロ対策 51 76 25
政治への金の影響削減 60 65 −5
医療費の削減 49 70 −21
教育の改善 57 63 −6
社会保障の財政健全化 60 61 1
犯罪の削減 47 68 21
移民対策 39 76 37
違法薬物入手の防止 47 63 16
財政赤字の削減 40 68 28
政治システムの機能向上 49 55 −6
失業率改善 47 49 2
エネルギーシステムの改善 42 49 −7
環境の保護 23 63 −40
貧困問題への対処 31 55 −24
交通機関の改善 36 52 −16
軍事力増強 23 56 33
気候変動対策 12 59 −47
人類の課題への対処 14 47 −33
国際貿易政策 29 32 3
0%
50
100

出典：ピューリサーチセンター，2024

て増税を志向する。財政赤字の政策的要因は、富裕層を優遇する減税政策だと考える。他方、共和党は景気刺激策として減税を求め、財政再建手段として支出削減を主張する。財政赤字は福祉を中心とした政府支出の拡大の結果だと考えるのが一般的である。

このように、二大政党によって想定される政策が対極的な場合には、その争点が重要だと考えられているがゆえにこそ、立法化しようとすると激しい対立が起こり、統一政府の状況にあるのでない限り、法律が制定されにくくなる。

また、逆に優先度が必ずしも高くない争点が実現しにくいというわけでもない。例えば、環境問題は一見すると思いのほか優先度が高くないと思われるかもしれないが（実際にはこの図に出ている時点で優先度が高い争点だと考えられているのだが）、民主党支持者の間では重要度が高いと認識される一方で、共和党支持者の間では重要度が低いとされている。だが、環境問題は温暖化の原因となる物質を出さないように規制することが重要になるため、エネルギー問題と密接に関わってくる。そしてエネルギー問題は産炭州や石油に依存している州にとっては重要性が高い。それらの州から選出された議員は必死に活動することになる。

今日のアメリカでは、二大政党の対立が激化するとともに、その勢力が均衡している。政党規律が強まっていることもあり、法案を提出しても他党から協力を得るのは困難である。そのような状態では、同じ政党に属する議員の賛同は必ず得なければならない。特定の問題に強い関心を持つ議員は、その問題に関連する条項を入れることを協力のための条件として要求することが多い。予算法案は言うに及ばず、一見したところではその問題とは関連がなさそうな法案の中に、環境やエネルギーに関する規定が組み込まれたりすることがある。

その結果として、多くの有権者が期待するような法律が通らない一方で、特定の地域でのみ強い要求がなされている問題が、一見関係がなさそうな法律の中に組み込まれ、それが政策過程で大きな意味を持つことがあるのである。

経済と格差

以下では、あらゆる選挙に際して最重要争点に位置づけられる経済について検討することにしよう。伝統的には、選挙結果は経済で決まると言われてきた。景気がよくて失業率が低い場合は政権党が有利となり、そうでない場合は政権党が不利になるというのが一般的なパターンとされてきた。

だが、格差が拡大して固定化した近年では客観的なマクロ経済のデータで有権者の投票行動を予想するのは難しくなっている。それは、経済・金融市場が好調であるとしても、その恩恵を受けているのは資産家で、労働者や年金生活者はインフレに苦しんでいるという認識が一般化しているためである。現在のアメリカでは失業率が歴史的に低くなっているが、それも有権者が現政権を支持する理由にはなっていない。

(1) 格差の現状

アメリカでは、刻苦勉励すれば豊かになることができる、仮に自分が豊かになることができなくとも、少なくとも子どもは自分より豊かになることができるというアメリカン・ドリームが存在すると言われてきた。だが、今日のアメリカでは、経済格差が拡大するとともに、固定化するようになっている。

図３　アメリカのインフレ率

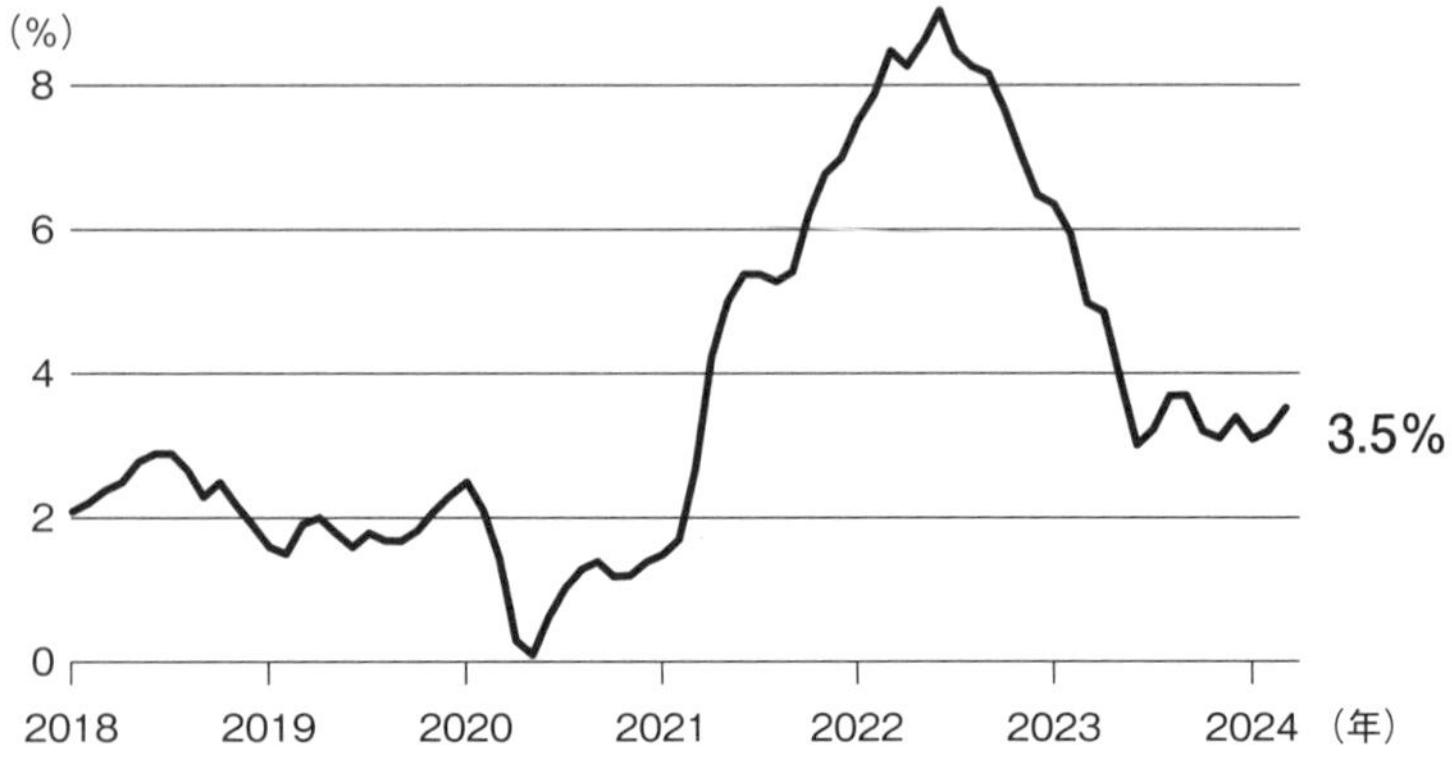

出典：US Bureau of Labor Statistics, 2024

今日、世界の多くの国で格差社会化が進展しているが、アメリカにおける貧富の差の規模は先進国の中でも群を抜いている。経済的な不平等に関する研究で知られるエマニュエル・サエズとガブリエル・ズックマンの研究によれば、アメリカ国民を所得階層の下位五〇％に当たる労働者階級、その上の四〇％に当たる中産階級、その上の九％に当たる上位中流階級、上位一％に当たる富豪に分けると、二〇一九年の課税所得前の平均所得は、労働者階級のそれは一万八五〇〇ドル、中流階級のそれは七万五〇〇〇ドル、上位中流階級のそれは二二万ドル、富豪のそれは一五〇万ドルになるという。

サエズや世界における格差について有名な問題提起をしたトマ・ピケティらが整備した世界不平等データベースによれば、アメリカで上位一％の富裕層の所得が国民所得に占める割合は一九七〇年には一〇・七％、一九八〇年には一〇・四％だったのが、二〇二二年には二〇・九％と上昇している。そして、下位半分の所得が国民所得に占める割合は、一九七〇年には二一・一％、一九八〇年には二〇・一％だったのが、二〇二二年には一〇・四％と低下している。資産に関しても、上位一％の富裕層が国の総資産に占める割合は一九七八年には二一・八％だったのが二〇二二年には三四・九％に増大する一方で、中位四〇％のそれは一九七八年は三五・三％だったのが二〇二二年には二七・八％に低下している。これらのデータから、アメリカでは所得も資産もともに富裕層に流れていき、貧富の差が拡大したことがわかるだろう。

歴史上、南北戦争終結（一八六五年）後から一八九三年の恐慌までの二八年間は、資本主義が急速に発展するとともに、貧富の差が拡大したことから、「金ぴか時代（Gilded Age）」と呼ばれてきた。近年のアメリカは、一部の論者によって「新しい金ぴか時代」と呼ばれるようにもなっている。

アメリカの二大政党のうち、リベラルと称される民主党が格差是正に積極的なのに対し、保守と呼ばれる共和党は格差を容認する傾向が強いと認識されている。だが、大統領が民主党の時期にも所得や資産の集中傾向に歯止めがかかっているわけではない。法律を成立させるためには連邦議会上下両院で同一の法案を通過させたうえで大統領がそれを承認する必要があるが、連邦議会の多数派と大統領の所属政党が異なることも多い。大統領の所属政党によって、その任期中の経済政策の帰結を説明することができるわけではないのである。

また、経済格差は、人種・エスニシティ間に顕著に見て取ることができる。国勢調査局によれば、二〇二二年の時点でアメリカで貧困率が高いのは黒人（一七・一％）と中南米系（一六・九％）で、アジア系と白人（中南米系を除く、以下同様）のそれはともに八・六％と低くなっている。なお、貧困率の全米平均は一一・五％である。もちろん黒人の貧困率は一九六〇年代と比べれば低くなっているものの、アジア系や白人と比べて黒人と中南米系の貧困率が高い傾向は、一貫している。また、労働省によれば、二〇二三年の時点での失業率は全米平均が三・六％なのに対し、黒人が五・五％、中南米系が四・六％、白人が三・三％、アジア系が三％となっており、貧困率と同じく黒人と中南米系が一貫して高くなっている。

アメリカにおける貧富の差は人種やエスニシティと深く関わっているため、社会福祉政策はマイノリティ対策としての特徴を帯びることもある。こうしたアメリカ社会の特徴が社会福祉政策をめぐる政治過程を複雑にしているのである。

(2) 格差の原因

このような経済格差の背景に、グローバル化による影響があるのは論を俟《ま》たないだろう。ブランコ・ミラノヴィッチが示した「エレファント・カーブ」は、世界の格差に関する状況を象徴的に示すものとして注目を集めた。彼によれば、グローバル化が進展した一九八八年から二〇〇八年までの二〇年間で、先進国の高所得者層と新興国・途上国の中間層の所得が大幅に上昇する一方、先進国の中所得者層は所得を減少させている。これは世界規模では新興国・途上国と先進国の間で格差が縮小していることを示す一方で、先進国内では高所得者層と中間層の格差が拡大していることを示している。アメリカの富裕層がより豊かになる傾向は、グローバル化によるところが大きい。

だがアメリカにおける格差は他の先進国と比べても顕著である。その背景には、アメリカで大企業経営陣の報酬が急増していること、金融サービス業の隆盛、超富裕層に対する税率の低さなどの要因が存在する。また、アメリカにおける利益集団政治のあり方も格差拡大に影響を及ぼしている。富裕層の利益を代表する団体がロビイストを雇い、政治献金を行う一方で、労働者の利益を代表すると期待されている労働組合は弱体化しているし、貧困者はほとんど組織化されていない。これらのことが、富裕層に有利な状況を作り出している。

なお、情報テクノロジーの進化が格差を固定化する役割を果たしている面もある。近年ではさまざまな側面でマッチングが行われて、人の属性に応じて各種商品やサービスが推奨される傾向が強まっている結果、所得、教育レベルによる分断が顕著になっている。また、所得水準が似た人々同士で結婚する同類婚も増えているため、結婚によっても格差が是正されず、固定化しているのである。

また、格差を是正する上で最も重要な指標として教育が挙げられることが多い。たしかに教育水準と社会経済的地位には相関関係が見られる。だが、アメリカの場合は公立学校は学校区を単位として運営されており、その費用は地域ごとの固定資産税を基礎に捻出されている。したがって、経済状況のよい地域では公立学校も予算が潤沢で設備もよく優秀な教員が雇用されるが、困窮している地域では公立学校のための予算が乏しいため、設備も不十分で優秀とはいえない人が教員となっている可能性がある。基礎教育が格差を是正する上で必ずしも役立っていないのが現状である。

アメリカの福祉レジーム

(1) 労働という規範と脱商品化

アメリカの既存の福祉政策は、現在の格差を解消するための有効な術《すべ》を持っていない。

アメリカの福祉国家は、イエスタ・エスピン゠アンデルセンのいうところの自由主義レジームとしての特徴を持っている。エスピン゠アンデルセンの議論は著作によって変化しているが、初期に自由主義レジームに関して指摘された特徴は、脱商品化の程度が低いことと、階層化の度合いが高いことである。

脱商品化とは、人を労働市場における商品ととらえ、その人が商品でなくなった時にどれだけ生活することができるかを示す指標である。アメリカでは脱商品化の指数が非常に低く、身体的、精神的に働くことが可能な人は働くことが要請される。例えば公的扶助政策については、ビル・クリントン政権期の一九九六年に行われた福祉国家改革の結果として、受給希望者は、労働するか職業訓練などを受けることが原則として義務化された。だが、公的扶助は州政府を介して提供され、給付対象者や給付水準の決定に際して州政府の決定権は大きい。州政府は基本的に財源を自主的に確保する必要があるため、寛大な福祉政策は貧困者を招き寄せて納税者の反発を招くとの恐れから、公的扶助の水準を引き下げる誘因を持つ。州政府に対して連邦政府からの補助金は提供されるものの、州政府は労働の義務を果たしていない人に対して連邦の補助金を用いることが認められていない。

アメリカでは、障害や年齢などの理由で労働をすることができない人に政府がサービスを提供するのは支持されるが、そのような事情がない人に社会サービスを提供することには反発が強い。その裏返しとして、アメリカでは労働して税を払っていることを誇りとする人が多く存在する。例えば、小さな政府の立場を支持し、税負担を忌避するティーパーティ派も、自らが働いて税を納めていることを誇りとしているとされる。近年のアメリカでは、かつての製造業の中心地であったラストベルトと呼ばれる地域に居住する白人労働者層が生活上の困難に直面しているが、彼らは仕事につながる可能性のある公共事業の実施には賛成するものの、民主党左派が唱えるような寛大な福祉の提供には反対するのである。

なお、公的扶助を受給する条件として労働が義務化されていることは、労働の習慣をつけさせるなど社会・経済的地位の向上に役立つはずだという指摘は、一面では正しいだろう。だが、安定した職に就くためには安定した住居が必要になる。家を借りるためには敷金や礼金が必要になるため、まずはその資金を準備するために安いホテルなどを転々とすることになる。だが、それは結果的に割高となり、住居を借りるための資金をためることが難しくなる。貧困から脱するために労働の習慣が必要なのは事実だが、貧困から脱するためには現金が必要だというのも事実であり、現在のアメリカの公的扶助の現金給付はその水準に到底達していない。公的扶助政策が貧富の差を是正するには不十分なのである。

(2) オバマ・ケア

社会福祉政策と労働の関わりが深いことは、医療保険の分野でも見て取ることができる。アメリカでは公務員や退役軍人を対象とするものを除けば、高齢者向けのメディケア、貧困者向けのメディケイド、若年層向け医療保険プログラムしか医療保険が公的に制度化されていない。それらの対象とならず医療保険を必要とする人は、職場が医療保険を提供している場合にはそれに加入できるが、そうでなければ自ら適切な保険を見つけて加入する必要がある。医療保険を提供する企業に勤めていない人については、医療保険費を負担するのが困難な場合も多い。そのような場合、人々は無保険状態となるか、給付水準の低い保険に加入する低保険状態となってしまう。

ちなみに、オバマ政権期に実現されたいわゆるオバマ・ケアは、個人に医療保険への加入を義務づけるとともに、保険購入に必要な財政上の補助を与えること、また、メディケイドの適用範囲を拡大したことが特徴である。それによって受益者が増大したことは間違いなく、二大政党がともに支持獲得を目指している白人労働者層にも大きな利益をもたらしている。そのため、共和党はオバマ・ケアという表現を民主党が政府規模を拡大しようとしていることの象徴として使い続けるかもしれないが、もはやその廃止を主張することはないだろう。

だが、オバマ・ケアは民間保険を中心に位置づける仕組み自体を変えてはいないため、無保険者、低保険者は今でも残っている。アメリカにおいて雇用は人種やエスニシティと関連していることもあり、黒人や中南米系など失業率の高いマイノリティの間で、無保険者や低保険者の割合が高くなっている。アメリカの医療費は世界的に見ても高額なため、無保険者や低保険者の多くは病気になっても十分な治療を受けることができない。このような状態で、無保険状態にある困窮者が社会経済的地位を上昇させるのは困難である。

(3) 階層化と格差の固定

階層化は、社会保障（年金）の制度に象徴的に表れている。アメリカの年金は二階建て構造となっている。一階部分は、一九三五年の社会保障法によって制度化された社会保障年金である。その基になる社会保障税は、賃金から一定の割合が強制的に徴収されている。そして一〇年間（正確には一年を四分の一に分けた四半期を四〇回）以上労働して納税した人が一定の年齢に達した場合に社会保障年金が給付される。給付額は、現役時代の賃金に比例した水準で設定されている。ただし、一階部分だけで生活を維持することが可能な水準では設定されていないため、老後に生活するためには貯蓄などを活用するか、二階部分を構成する企業年金をあてにする必要がある。

アメリカ政府は、企業年金を拡充しようとする企業の試みに積極的に協力している。とはいえ、これは雇用主が任意で導入するものであり、雇用主が企業年金を支給しないという選択をすればこの部分は存在しなくなる。企業年金のあり方は企業ごとに異なり、多くの場合、勤労時の給与が高い人は高額の年金を受け取れるものの、給与が低い人はあまり多くを受け取ることができない。この結果、アメリカでは年金で貧富の差を解消するのは困難である。

同様に、医療保険の分野でも階層化の傾向を見て取ることができる。待遇のよい企業は水準の高い医療保険を提供するため、その労働者は健康上のリスクを軽減することができる。他方、そうでない企業に勤める人は無保険か低保険になる可能性が高く、健康上のリスクに十分に対応することができない。

一般に社会福祉政策は豊かな人から貧しい人への富の再分配を特徴として社会の平等化を促すものと考えられがちであるが、アメリカの福祉国家の特徴を考えれば、既存の社会福祉政策を介しても、社会の階層秩序を改め、格差を是正するのは困難なのである。

財政上の制約と租税支出

以上説明したように、既存の社会福祉政策を通して貧富の差を是正するのは困難である。では、それらの確立した政策とは別に、特別な立法措置によって格差を是正することは可能だろうか。

連邦政府が何らかの社会政策を実施して格差を解消するべきだとの主張はなされているが、状況を変革できるほどの対応を連邦政府がとるのは困難である。その大きな背景に、アメリカにおいて予算が硬直化しているという事実がある。

連邦予算のうち、年金やメディケア、メディケイドなどの支出は法律に基づいて定められており、高齢者人口の増大に伴って拡大する。また、国防費の支払いや国債の利払いなどの削減は困難である。総予算から、これら自動的に割り当てられる費用を除いて、民主的に使途を定めることのできる裁量的支出が占める割合を示す指標に、「財政民主主義指数」と呼ばれるものがある。これによれば、一九六二年には政府支出の約三分の二が財政民主主義の原則に基づいて定められていたが、その割合は六〇年代末以降急激に低下し、二〇一四年段階で二〇%、二〇一九年には一一%に下がっている。二〇一九年に発表された予測によれば、二〇二九年には六・四%にまで下がるという。

このように、連邦予算の中で裁量的支出が減少する状態では、連邦政府が格差是正に向けて対応しようとしても、大幅な増税をしない限りは財政的裏付けがないために効果を生むのは困難である。

だが、アメリカでは一九七〇年代以降、減税が共和党の大義となっている。グローヴァー・ノーキストが組織した全米税制改革協議会が開催する「水曜会」と呼ばれる会合は、減税と税率の累進性の低下を主張するフォーラムであり続けている。共和党内にはリバタリアンと呼ばれる人々が存在しており、二〇一〇年頃に大きな注目を集めたティーパーティ運動はそれらと密接な関係を有していた。政治家のみならず、共和党に献金をする団体の中にもリバタリアン系の団体が存在する。民主党左派は法人税増税と富裕層増税を提唱するが、連邦議会のいずれか一院や大統領職を共和党が支配する状態になれば、増税を実現するのは困難だろう。

このような状態で、二大政党がともに賛同する可能性があるのは、税の控除を行うことである。クリストファー・ハワードは、直接支出が政治的に困難な時でも、租税支出を介した再分配は共和党にも受け入れやすいと指摘している。これはアメリカの福祉国家の大きな特徴であり、実際、勤労税額控除（ＥＩＴＣ）はアメリカにおける最大の所得保障源となっていると指摘されることもある。だが、税控除の方式は、所得税の納税をしている人を支援することは可能ではあるものの、そもそも所得税の納税をしていない貧困者には恩恵は及ばない。

このように、今日のアメリカでは、経済格差を是正するための効果的な措置を見出すのが困難な状態となっているのである。

第5章　中絶と同性婚がアメリカを揺るがす?
――宗教とジェンダー

文化戦争と裁判所

アメリカ政治の興味深い特徴は、人工妊娠中絶や同性婚の是非など、人々のライフスタイルやモラルと関わりの深い問題が大統領選挙の大争点となることである。一九六〇年代に新たな価値観が提起されるなかで、社会問題に関する論争が活発に行われるようになった。アメリカでは一九二〇年代に禁酒法をめぐって憲法改正がなされるなど、ライフスタイルやモラルにかかわる問題が政治上の争点となることがあった。今日でも、他の先進国と比べても、より頻繁に社会的争点が重要問題として位置づけられている。社会的争点をめぐる民主党と共和党、リベラル派と保守派の間の対立が非常に激しいことから、現在の状況を「文化戦争」と呼ぶ論者も存在する。

文化戦争を考える上で重要なのは、これらの争点については、裁判所が大きな役割を果たしていることである。政治的分極化が顕著になっている今日のアメリカでは、賛否両論が明確に分かれるような中絶や同性婚のような問題を連邦議会で取り扱おうとしても、過半数（連邦議会上院の場合は六〇議席以上）の支持を獲得して法案を通過させることは困難である。そのため、このような問題に関する利益・関心を有する団体は裁判所を活用しようとする。

アメリカでは、裁判所は連邦議会や大統領と同じく統治機構の一つである。日本の場合、裁判所は政治的争いから距離を置いて中立の立場で活動する機関と位置づけられている。他方、アメリカでは見解が対立して議会で決定することが困難であるがゆえにこそ、裁判所が判断を下す必要があるという認識が強い。そしてアメリカでは、州のレベルでも連邦のレベルでも裁判所の判事は政治的に任命されている。州の場合、多くの判事は選挙で選ばれるか知事によって任命されている。連邦の判事は、大統領が指名し、連邦議会上院の承認を得て任命されることになっている。

アメリカでは五〇州のうち、保守的な性格が強い州とリベラルな性格が強い州が顕著に分かれている。したがって、例えば中絶や同性婚の権利を認めさせようとする人々は、リベラルな州の裁判所に訴訟を提起すると、認められる可能性が高くなる。逆に、中絶や同性婚の権利を否定しようとする人々は、保守的な州で訴訟を提起すれば、州裁判所がその権利を否定する判決を出す可能性が高くなる。矛盾する判決が州裁判所から出されたのを受けて、連邦最高裁判所が最終的な判断を行う可能性が出てくるのである。

連邦の判事の任期は終身であり、自ら辞めるか死亡しない限り仕事を続けることができる。大統領の任期は通例四年か八年、最長でも一〇年未満であるため（副大統領から大統領に昇格し、その期間が二年未満の場合は、二期八年に加えて務めることができる）、自らのイデオロギー的影響を長く残したいと考える大統領は、立場の近い人物を連邦判事に任命する。

これは大統領選挙にも大きな影響を及ぼす。例えば大統領候補が当選した場合に連邦裁判所判事に指名する人物のリストを提示することがあれば、大統領候補のことは嫌いであっても、判事を指名させるために、その大統領候補に投票することが起こりうる。二〇一六年大統領選挙で共和党支持者の間でも個人としての評判が低かったドナルド・トランプが本選挙で多くの票を獲得したのは、一つにはこのような事情によるのである。

本章では広く文化に関わる問題の中でも、宗教とモラル、そしてジェンダーとセクシュアリティの問題を検討することにしたい。

信仰の自由と政教分離

アメリカの宗教と政治の関係について日本の読者が違和感を覚えるのは、政教分離に関することだろう。大統領就任式で大統領が聖書の上に手を置いて就任の宣誓をする、政治家が演説の最後に「神のご加護あれ」と発言する、紙幣に「われわれは神を信じる」という意味の言葉が印刷されている——これらは日本的観点からすると明らかに政教分離の原則に違反している。だが、政教分離の考え方は国によって異なる。アメリカの場合、政教分離を規定している合衆国憲法修正第一条は「連邦議会は国教を樹立し、あるいは信仰上の自由な実践を禁止する法律を制定してはならない」と定めている。したがって、もし大統領が演説の後に神のご加護あれと言ってはならないという法律を作ったとすれば、その法律が憲法違反となる可能性がある。

また、アメリカの宗教は非常に多様である。多種多様な移民が流入したことに伴って、国内に多様な宗教を信仰する人々が存在する。キリスト教徒が多いが、その中でもカトリック、プロテスタントなど、複数の教会が存在する。そしてアメリカでは、異なる教会に属する人々の間で結婚が行われることも多い。例えば、父親がルター派、母親がカルヴァン派というような場合があり、その場合、子どもは自分でどの教会に属するかを決める必要がある。

これは、信仰を自分で選ばなければならないことを意味する。一般的に信仰は神が信者自らの存在を認めてくれることを重視していることを考えれば、宗教を自分の判断で選ぶというのはおかしなことだといえる。そのため、アメリカでは自らの信仰が真剣なものであることを示すために、宗教の教義に厳格な態度で臨む人が多くなる。

この傾向はプロテスタントの中で顕著である。アメリカのプロテスタントは大きく三つに分けて議論されることが多い。すなわち、主流派、原理主義派、黒人教会である。このうち黒人教会は、マーティン・ルーサー・キングJr.牧師に代表される立場である。奴隷制の時代から黒人は宗教活動を自由に行うことが認められていたため、黒人教会は独自の発展を遂げたとされる。主流派は隣人愛や慈善活動を重視する立場である。これに対し、原理主義派は聖書に書かれているのはすべて神の言葉であり、真実とみなす立場である。原理主義派の中で政治活動に強い関心を持っている人たちのことを宗教右派とか福音派と呼ぶことがある。彼らはアメリカ人口の二五%以上を占めているとされ、選挙の際に人工妊娠中絶と同性婚をとりわけ重視する。

人工妊娠中絶

人工妊娠中絶と同性婚は、ジェンダーとセクシュアリティに関わる問題でもある。さまざまな社会運動が展開された一九六〇年代は、アメリカの価値観を問いなおした時代だった。女性の多様な権利の実現を目指す活動家も活発に行動した。その中で象徴的な意味を与えられたのが、人工妊娠中絶の問題である。

他の社会活動家と同様に、女性の権利の実現を目指す人々も裁判所を政治的に活用し、人工妊娠中絶の権利を認めさせるための訴訟を行った。その画期的成果が一九七三年のロー対ウェイド判決である。この判決は、従来認められていなかったプライバシーに関する権利を合衆国憲法から導かれる権利として位置づけた上で、妊娠を継続するか否かを決定する権利が女性のプライバシー権に含まれると判示し、人工妊娠中絶を規制する法律の大部分を違憲、無効とした。

このような進歩的判決に対し、宗教右派は強く反発した。旧約聖書のモーゼの十戒に「汝殺すなかれ」と記されているし、旧約聖書の創世記に神が「産めよ増えよ」と述べている記述があることから、神が人工妊娠中絶を禁じているという解釈を彼らはとっている。

アメリカでは、中絶容認派を女性の選択を重視するという意味でプロ・チョイス派、中絶反対派は胎児の生命を重視する観点からプロ・ライフ派と呼ばれている。アメリカでは中絶に対する賛否が分かれており、近年では、中絶容認派が五割強、反対派が四割弱となっている。

このような状況のなかで、プロ・ライフ派はロー対ウェイド判決の撤回を目指し、徹底した訴訟戦術をとった。いきなり連邦最高裁判所が一九七三年の判決を覆すことは考えにくいという判断から、保守的な判事が多く任命されている州で訴訟を展開し、州レベルで人工妊娠中絶を規制する判例を積み重ねていった。例えば、中絶手術実施前にカウンセリングの受講を義務づけたり、冷静な判断をすることができるようにとの名目で中絶手術実施までの待機期間を設けたり、配偶者や親の承認を必要とするよう定めたりするなどして、中絶の実施を踏み留まらせようと試みたのである。

これらさまざまな努力の結果として実現されたのが、二〇二二年の連邦最高裁判所のドブス判決である。同判決では、アメリカ合衆国憲法からプライバシー権を導き出すことは不可能だという判断が示され、それゆえに中絶も憲法上の権利として認められないという法律構成がとられた。なお、この判決は人工妊娠中絶を行うことを禁止したものではない。ロー判決のもとでは中絶の権利が認められていたため、州政府が中絶を禁止することはできなかった。これに対し、ドブス判決以後は、州政府が中絶を禁止することが可能になったのである。

その結果、中絶が禁止された州の住民で中絶をしたいと考える人は、中絶が認められている州や国に移動して中絶手術を行うか、違法な手術を行うかなどの方法しかなくなってしまった。そのため、さまざまな企業が、人工妊娠中絶を行いたいと希望する社員に他州で中絶手術を受けるための資金援助を行うなどすることによって、保守的な判決に対する反発を表明した。

中絶をめぐる判決変更は、トランプ政権期に連邦最高裁判所の判事の構成が大きく変わったことにより可能になった。連邦最高裁判所の判事は九名で構成されているが、保守派四名、リベラル派四名、保守寄り中道派一名という構成が長く続いていた。だが、二〇一六年二月に保守派のアントニン・スカリア判事が死亡し、その後任を民主党のバラク・オバマ大統領が指名したにもかかわらず、連邦議会上院で承認手続きが行われなかった。その結果、多くの予想に反し大統領選挙で勝利したトランプが二〇一七年に保守派判事を指名し、連邦議会上院で承認された。さらにトランプ政権の任期中、中道派とされていたケネディ判事が辞任し、その後任としてトランプは保守派判事を任命した。また、二〇二〇年九月にリベラル派のルース・ベイダー・ギンズバーグ判事が死去した際には、二〇一六年とは違ってただちに承認手続きが行われ、トランプが指名した保守派の判事が承認された。

同性婚を合法としたオバーゲフェル判決の連邦最高裁判事たち。前列右から２人目が判決を書いたＡ・ケネディ。彼の辞任後および右端のギンズバーグ死去後、トランプは後任に保守派の判事を指名した。

二〇一六年大統領選挙に際し、トランプは自分が大統領に就任した暁には、保守派の法律家協会であるフェデラリスト協会が準備した人工妊娠中絶反対派の法律専門家のリストの中から連邦裁判所判事を指名すると宣言していた。ドブス判決が出された際には、連邦最高裁判所判事の構成は、保守派六名、リベラル派三名と変わっており、中絶禁止派が多数を占めていた。

ロー判決は、アメリカにおける進歩を象徴するものと位置づけられていたため、それを否定する判決は大きな衝撃をもって受け止められたのである。

二〇一六年の大統領選挙の際、リベラル派の活動家は、初の女性大統領として民主党のヒラリー・クリントンが当選することを当然視していたか、あるいは大統領選挙が連邦最高裁判所判事の構成に大きな影響を与えるという認識を十分に持っていなかったと思われる。そしてリベラル派の活動家の中には、クリントンの立場が自分たちが望むのと比べれば穏健に過ぎるということから、反発を示すために投票に行かない人や、緑の党のジル・スタインなど第三の候補に投票する人が存在した。その結果としてトランプ政権の誕生を許してしまった。

このことへの反省から、二〇一三年に行われた補欠選挙や州知事選挙の際には、中絶の権利を重視する活動家などが熱心な動員活動を行った。民主党のバイデン大統領の評判が必ずしもよくないために民主党が敗北するのではないかとの予測を覆し、民主党に勝利をもたらした。逆に言えば、保守派の側はかつてほどの動員能力を示すことができなかった。

伝統的にリベラル派や民主党は、大統領選挙の予備選挙の際に見られた対立を本選挙に持ち越し、予備選挙で勝利した候補への不支持を表明する活動家が登場するなど、団結が弱い傾向が見られた。これに対し、保守派や共和党は、ニューディール期以後民主党に対して劣勢であるという自覚もあったことから、選挙の際には大同団結する傾向が強かった。

場合によると、このような状況は逆転したのかもしれない。宗教右派が団結する最大の根拠がロー判決の撤回にあったとするならば、この目的が二〇二二年のドブス判決で達成された以上、他の保守派と団結する誘因がなくなったからである。二〇二四年大統領選挙を前に共和党の大統領候補となろうとする人々は、妊娠一六週目以降の中絶を禁止するとか、胚を生命とみなしてその処理を殺人とみなすというようなアピールをしているが、これがかつてと同様の動員力を持つかどうかは疑問である。逆に、民主党とリベラル派にとっては、二〇二三年に見られた活動家の情熱を大統領選挙まで持ち越すことができるかが大きなポイントとなるだろう。

同性婚問題の政治化

アメリカではＬＧＢＴＱの問題も大きな争点となっており、同性婚問題はとりわけ注目を集めている。ジェンダーとセクシュアリティの問題に注目するならば、性的指向の問題が重要な意味を持つ。性的指向とは、恋愛感情や性的欲望がどこに向かうかを指す言葉である。男性の性的指向は女性に向かい、女性の性的指向は男性に向かうと想定されがちだが、実際にはそうとは限らない。そのため、同性婚を認めるべきだと主張する人々がいるのである。

結婚は人々の結びつきの中でも最も深いものだと考える人が多いこともあり、同性婚の是非をめぐっては多様な意見がある。同性婚に批判的な人の中には、結婚は生殖に関わる可能性のある場合に限定されるべきだと主張する人がいる。他方、リベラルな立場の人の中には、異性愛者という伝統的な主流派の枠組みから外れた人に対して差別的な扱いをするのは好ましくないとして同性婚を認める人がいる。長い間認められていなかった異人種間結婚が認められるようになったのと同様に、性差も克服して同性婚を認めるべきだという立場である。いずれの場合も、結婚の重要性を認めるがゆえに、同性婚は象徴的な意味を持つという観点から、同性婚に対し強く賛否を表明する人が多い。

ただし、ジェンダーやセクシュアリティの問題を根源的に問い直す立場からは、結婚はジェンダー化された社会支配を正当化する抑圧的な制度であるため、同性婚を認めるのは妥当でないと判断する人がいる。多様な家族の形態を認めるべきであり、保守的で抑圧的な結婚という制度と規範を認めるのは好ましくないというのである。だが、ＬＧＢＴＱの人々の間では同性婚を求める声は比較的強く、同性婚の実現に象徴的な意味を付与する人々は多かった。

他方、宗教右派は同性婚に反発する。その根拠とされるのは、ソドムという町が神の怒りに触れて焼き滅ぼされたとの旧約聖書の記述である。その町で生殖を目的とするのではない性行為が行われていたことが神の怒りの原因だとする解釈が有力とされる。宗教右派はその記述と解釈を根拠に、神は同性婚を許容しないと主張している。

アメリカは連邦制を採用しているため、結婚に関しては州政府が管轄している。そのため、同性婚を求める活動は州レベルで行われることが多かった。一九八〇年代以降、州や都市のレベルでドメスティック・パートナーシップやシビル・ユニオンという名称で異性間の結婚と類似した権利を同性カップルに認める動きが登場した。これに対し、同性婚反対派も、さまざまな活動を行った。例えば、一九九六年の結婚防衛法は、夫婦としての一組の生物学上の男女間の結びつきのみを結婚とみなし、これに当てはまらないカップルには連邦上で夫婦に与えられる権利を認めないと規定した。

二一世紀に入ってからも、同性婚実現を目指す人々は、州レベルで訴訟を展開して、一定の成果を生み出した。二〇〇三年のマサチューセッツ州最高裁判所を皮切りに、複数の州の裁判所が同性婚を禁止する州法を違憲とする判決を出した。また、メリーランド、ワシントンなどの州では州民投票の結果、同性婚が合法化された。

二一世紀に入ってから一〇年ほどの間、同性婚についての世論は、反対派が六割弱、賛成派が四割弱という状態が続いていた。だが、前述のような試みがなされたこともあり、二〇一〇年頃から同性婚容認派が増えるようになり、世論調査でも同性婚支持者が反対派を上回った。連邦最高裁判所も二〇一三年には結婚防衛法に対し違憲判決（ウィンザー判決）を出し、二〇一五年には同性婚を禁じる州法に違憲判決を出した（オバーゲフェル判決）。この結果、アメリカでも同性婚が容認されることになったのである。

オバーゲフェル判決は、人種問題におけるブラウン判決（プレッシー対ファーガソン判決で示された分離すれども平等という原則を否定した）と同様に画期的判決として歴史に名を残すだろう。だが、この判決は必ずしもリベラルなものとはいえず、評価が難しいところがある。先にも指摘したように、ジェンダーやセクシュアリティの問題を根源的に問い直す立場からは、家族とは人々の自己決定を制約する好ましくない保守的な制度だとの見方が提起されている。これに対し、保守派は「家族の価値」の重要性を一貫して強く主張している。近年のアメリカでは性や家族に対する規範が流動的になり、家族を重視しない人々が増えている。オバーゲフェル判決は、同性婚を認めてもらいたいとする同性愛者を利用することによって、家族制度を維持しようとする試みだと指摘されることもある。実際、判決文を執筆したケネディ判事は中道派とされることはありつつも保守寄りの人物であり、判決文の中でも結婚という制度を守ることの重要性を強調している。

オバーゲフェル判決は、リベラル派判事とケネディ判事が多数意見を構成し、保守派判事四名がすべて反対する状態で下されたものである。先ほども指摘した通り、現在では保守派判事が六名、リベラル派判事が三名と最高裁判所判事の構成が変化しているため、同性婚の撤回を求める訴訟が提起されれば、同性婚の権利が否定されるのではないかという指摘も時折なされている。とりわけ、中絶の権利が否定されたのを受けて、同じような保守的な判例変更が同性婚をめぐっても行われるのではないかという危機感がLGBTQ関係者の中では強い。

もっとも、人工妊娠中絶はプライバシー権をめぐる問題の解釈として訴訟が提起されたのに対し、同性婚は平等権をめぐる問題として法的に構成されていた。したがって、人工妊娠中絶の権利が否定されたからといって、ただちに同性婚の権利が否定されることはないだろう。とはいえ、懸念を共有する人々、あるいは、そのような不安をあおることによってリベラル派を団結させようとする人々がいるのである。

中絶・同性婚が及ぼす広汎な影響

中絶や同性婚をめぐって、さまざまな場で対立が発生している。例えば、軍もその一つである。バイデン政権期に国防総省が中絶が厳しく規制されている州に勤務する米兵が他州で中絶する際の交通費の支給や有給休暇の取得を認めたのに反発して、最も保守的な州の一つであるアラバマ州から選ばれたトミー・タバービル上院議員は軍高官の承認人事を妨害し続けた。政治任用が広く行われているアメリカでは、軍高官についても大統領が指名し、連邦議会上院が承認する手続きを経ることになっているが、軍高官人事をめぐって党派対立が存在するのは好ましくないという認識から全会一致での承認が伝統的に求められてきた。タバービルはその慣行を悪用して妨害したのである。しかし、ウクライナ戦争のみならず、ハマスとイスラエルの紛争も存在するなか、妨害を続けることには共和党内からも反発の声があがり、二〇二三年一二月に一一名を除き、四〇〇名ほどの人事が一括承認された。

また、軍は伝統的に同性愛に対する嫌悪が強く、ＬＧＢＴＱの人々の地位をめぐる問題が大きな争点となってきた。トランプ大統領は二〇一七年にトランスジェンダーの受け入れに伴う高額の医療費や混乱は問題であるとして、トランスジェンダーの入隊を認めない方針をツイッター（現Ｘ）で表明した。これに対し、バイデン大統領がその方針を就任直後に撤回したという動きもある。

このように、アメリカにおいては、人工妊娠中絶や同性婚の問題が広範囲にわたり重要な意味を持つようになっている。そしてこれらの問題が選挙にどれほどの影響を及ぼすかは、判断が難しい。

先ほど指摘した通り、人工妊娠中絶の権利が二〇二二年の判決で否定されたことによって、宗教右派の動員力が低下する可能性が出てきた。同性婚は中絶ほどには大きな動員力を持たないのではないかとの指摘もある。

その一方で、黒人の間に変化の兆しが見えるとの指摘もある。黒人教会は実は社会的争点については保守的な傾向を示すところもあり、黒人の中には伝統的に同性愛者に対する嫌悪感を強く持つ人々が存在する。人工妊娠中絶については強姦の問題などがあるために容認せざるを得ないとしても、同性婚を認める必要はないのではないかと考える黒人教会も存在するとされ、共和党はそのような立場の人々に積極的にアプローチを仕掛けている。共和党に投票する黒人が急激に増えるとは考えにくいが、彼らが民主党に投票するのをためらわせる可能性はあるだろう。

第6章　世代論の罠――「ジェネレーションZ」とその特質

世代論の難しさ

世代論は難しい。特定の世代カテゴリーが指しているものが何なのか曖昧なまま独り歩きをすることがあるからだ。特に「ジェネレーションZ（Generation Z）」を訳した「Z世代」という言葉は、筆者（渡辺）が知る限りアメリカの世代を表す言葉としては、日本のメディア報道で初めて一般に市民権を得たものだ。

かつて二〇〇〇年代末に「ミレニアル世代（Millennials）」論がアメリカ政治の論壇で盛り上がったことがある。震源地のアメリカで「ミレニアルズ」がブームになったのは二〇〇八年のこと。同年の大統領選挙で当時最大規模を誇ったMySpaceなどのソーシャルメディアやYouTube動画などを駆使してオンラインでオバマを応援した若者たちを指した言葉だった。モーリー・ウィノグラッドとマイケル・ハイスによる著書『*Millennial Makeover: MySpace, YouTube, and the Future of American Politics*』（二〇〇八年三月）がこの現象を先駆的に伝えた。MySpaceというFacebook誕生前に一世を風靡していたSNSサービス名が入る副題が時代を感じさせる。

　筆者は彼らの議論を引用して『現代アメリカ選挙の集票過程』（日本評論社、二〇〇八年）でデジタル技術に長けた「ミレニアル世代」を日本に紹介しているが、このほか、二〇一一年には『アメリカを変えたM世代』（岩波書店、横江公美監訳）として前掲のウィノグラッドらの邦訳も刊行されるなど、アメリカ政治研究の世界では話題の世代概念だった。しかし、日本の一般社会にこのネーミングはさほど浸透しなかった。日本のメディアでは、ミレニアル世代は「二〇一四年に世界経済フォーラムで注目された」などと、前記の二〇〇八年からのアメリカ政治におけるブームの経緯を端折って説明されている記述もままある。

　ところが、若年層消費者へのマーケティング上の動機も絡んで「ジェネレーションZ」という用語は、日本で相当程度一般化した。したがって、不可避の弊害も発生している。「Z世代」が全世界に共通したものとして受け止められる問題だ。共通点もあるが、そうではない部分にこそアメリカ社会を解読する手がかりがあるのに、そこに目が向きにくくなる。

　この造語を生み出したのはアメリカの調査機関ピューリサーチセンターだが、彼らはアメリカの国内事情を世論調査に基づいて解説する機関だ。世界的な「Z世代」の分析は主な仕事ではない。勢い、アメリカ発の記事に頻出する「ジェネレーションZ」と、われわれが日本の論壇やメディアで扱うときの「今の若者」を総称する代名詞程度の「Z世代」の間に、見えない乖離が肥大化する。

　アメリカの「ジェネレーションZ」なのか、グローバルな傾向か、日本の若者限定か、戦争や安全保障への感情なのか、ジェンダーや文化への感情なのか。たとえ面倒であっても腑分けを怠ると、アメリカを見誤る原因になりかねない。

用語を流行らせた張本人であるピューリサーチセンター会長のマイケル・ディモックは、この用語の過剰な独り歩きを危惧し「世代に関するニュース記事や調査で心に留めておくべき重要事項」を記している。そこで本章ではまず、アメリカの若者の特質を論じる前に、「ジェネレーションZ」についてあえてディモックの警鐘を紹介しながら世代論のジレンマを再考する。ここでは日本で流布する「Z世代」論と区別するために、意図的に「ジェネレーションZ」と称しておきたい。

科学的定義ではない――「ミレニアル世代」と「ジェネレーションZ」

ディモックの警鐘は第一に、世代区分は科学的に定義されたものではないということだ。ディモックは「メディアや研究者（ピューリサーチセンターを含む）は、世代の境界線が厳密な科学ではないことを、必ずしも明確にしてこなかった」として反省の弁を述べている。

ピューリサーチセンターの世代分類では、「沈黙の世代：一九二八～一九四五年生まれ」「ベビーブーム世代（ブーマー）：一九四六～一九六四年生まれ」「ジェネレーションX：一九六五～一九八〇年生まれ」「ミレニアル世代：一九八一～一九九六年生まれ」「ジェネレーションZ：一九九七～二〇一二年生まれ」となっている。

だが、世代分類の「境界線」は、「確定的でも普遍的に合意されたもの」でもない。名称も固定的ではない。ミレニアル世代のことを「ジェネレーションY」とする場合もある。日本の「団塊の世代」や「ロスジェネ世代」などの分類も同じだが、どこかで輪切りにしないといけない。「一九八〇年と一九七九年」の一年差にはほとんど違いがないのに八〇年代と七〇年代で切り分けられる強引さにも通じるジレンマだ。

さらには区分間にはグラデーションがあるものだが、世代区分の「真ん中」あたりの年代にその区分の特質が最も濃くあらわれるのか。次世代に近いと特質が薄れていくのか。もしくは未定義の次の世代の特質に脱皮するのか。それとも特質を維持して世代が「延長」されることもあるのか。何十年かで綺麗に世代の特質が激変するのは、「彼ら」世代の内部要因に原因があると考えるのは奇妙であり、むしろ戦争や社会的事件など「時代」の外部要因によるのではないか。こうした要因の分析は複雑かつ面倒なので、誰も定義しないまま世代区分が濫用されている。

ここで重要なのは文化人類学の概念にもある「名乗り」と「名指し」の違いだ。自分が「ミレニアル世代」だと自認してそれを喧伝することには、そう見てほしい、そうありたいという特別な含意がある。一方、「名指し」する場合には対象をある種のカテゴリーに当てはめたいという意図が滲む。つまり恣意性が排除できない。

だからこそ、この種の世代区分は「選挙キャンペーン用語」にしてスピーチライターの「演説用語」でもある。「ブーマー（ベビーブーマー）」は一九九二年のビル・クリントンのムーブメントを象徴する記号になったが、意図的にクリントン陣営がメディア操作で「世代交代」のイメージ作りのために利用したものだ。少なくともアメリカ政治の文脈では、「世代」は「名乗りたい」人と「名づけたい」側の意図が前面に出る、人為的かつ恣意的な「記号」であることを再確認しておく必要がある。

また、隣接する世代にさほど特徴上の違いがないことにも注意したい。「ミレニアル世代」と「ジェネレーションZ」の類似性は顕著だ。「ジェネレーションZ」は、過去のどの世代よりも教育水準が高く、スマートフォン以前の世界をほとんど記憶していないデジタル・ネイティブでもあるし、人種・民族的に

オバマ勝利イベントに集まったミレニアル世代のアフリカ系若者たち（撮影：渡辺将人）

最も多様な世代だが、これはアメリカ社会の前進を反映しているという意味で違和感はない。「ミレニアル世代」とは質的な差が小さい。ピューリサーチセンターの二〇一八年調査によると、二つの世代は進歩的で、大きな政府の役割には理解があり、人種や民族の多様性が拡大していることをよいことだと考える一方で、アメリカが他国より優れていると考える傾向は上の世代よりも低い点で、共通している。

また、加齢に伴う世代の性質変化の問題も不透明だ。世代論は多くの場合、同時代の「若年層」を意味する記号として使われる。「ジェネレーションZ」もその典型だ。この問題は、それが「今どきの若者」を指しているのか（つまり時限的で三〇代になるとかつての「ジェネレーションZ」は若者代表ではなくなり陳腐化するのか）、特定の時代に「一〇代から二〇代だった」世代のことを指しているのか不明瞭なのだ（つまり、彼らが六〇代になっても「ジェネレーションZ」と呼ばれて同じ意味を持つのか否か）。

ディモックが言うように「人は時間とともに変化する」し、「人は年齢を重ね、キャリアを追求し、家族を形成するにつれて変化する」。「ブーマー」のように世代カテゴリーは高齢化してもその世代を指す記号として継続的に使用されることもあるが、一般的には二〇歳の思考や行動と、家庭も仕事も持ってからの思考や行動が同じことはない。「保守化」するのは自明だ。こうした理由から「現代の若者」に特定の名を与えてグルーピングすることは、まるでその集団が年齢を重ねても同じ傾向を維持するかのような錯覚をもたらしかねない。「現代の若年層」と平坦に呼ぶ方がリスクが少ないこともあろう。

世代を横断するアメリカ的な属性——人種・エスニシティ、信仰

ディモックの第二の警鐘は、世代論がステレオタイプ化や単純化につながる可能性である。彼が言うように「ミレニアル世代やベビーブーマー世代がすべて同じではないのと同様に、南部人、カトリック信徒、黒人アメリカ人もすべて同じではない」。

しかし世代論では世界のローカル地域ごとの政治的・社会的な特性が無視されがちだ。アメリカ人の記者やシンクタンクによるアメリカ分析然り、日本人による世代分析でも世界共通の「世代共通性」について関心がいく。属性カテゴリーの縦軸・横軸の本数が少ない比較的多元性が低い社会であれば、年齢や世代の持つ意味は相対的に大きい可能性がある。しかし、アメリカのように人種やエスニシティが多様で、しかも宗教が社会的に大きな意味を持ち、党派的イデオロギーが家族や個人単位で極めて強い社会において、誕生年別の年齢区分が持つ意味は相対的に小さい。

例えば、黒人のＬＧＢＴＱであることの方が、年齢層よりも大きな政治的な立場の原因になるだろうし、

図1　世代別（若年層当時）人種割合

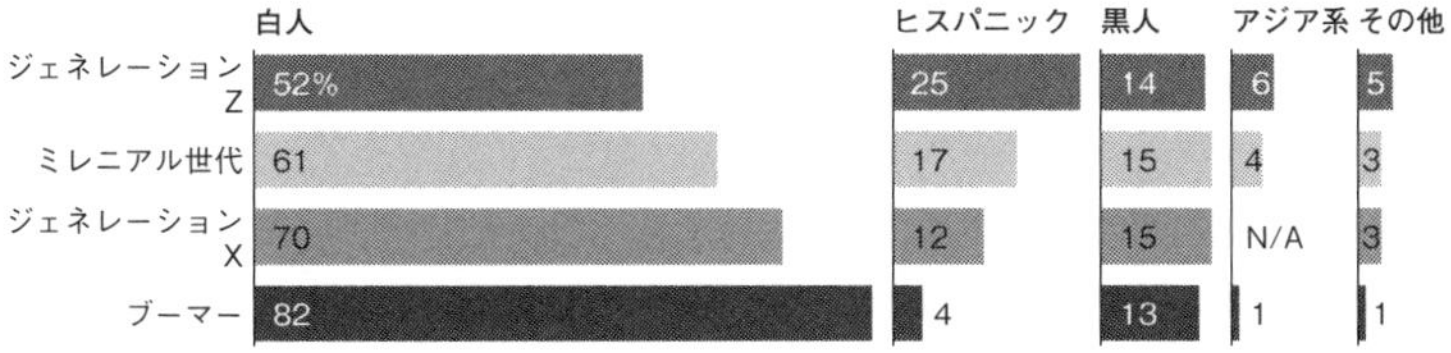

出典：ピューリサーチセンター，2020

カトリックでたまたま「ジェネレーションZ」であることと、キリスト教右派、あるいは不可知論者に近い世俗派で同世代であることの意味は違う。場合によっては同じ人種、州、信仰、支持政党を共有する世代が離れた人同士の方が、それらの属性が分散している同世代同士よりも凝集的な同質性が高い。若年層の政治性が人種や信仰などの家族関係の性質で規定され、公民権運動以来の黒人家庭でもキリスト教保守の家庭でも、家庭の影響は無視できない。

つまり、多様な社会であるアメリカを「世代」だけで特徴づけることによる単純化をどう乗り越えるかが鍵になる。アメリカの選挙集票アウトリーチ（有権者集団別向けの戦略的集票活動）でも「シニア」「若者」といったアウトリーチ区分を行い、その上で高齢者医療、大学教育など各層にアピールする政策を打ち出す。しかし、アウトリーチ上の上位クラスターとしては、黒人、アジア系などの人種・エスニシティ区分がある。次にカトリックなどの信仰カテゴリーがあり、横断的なさらなる下位区分として年齢層別のアプローチが絡む。

実際、若年層の人種をめぐる人口動態はこの五〇年で様変わりしている。図1では各世代が若かった頃の白人比率が示されている。「ブーマー」（一九六九年）時代には八二％だったが、「ジェネレーションZ」（二〇一九年）時代には半分近くに減少している。黒人比率は変動していないが、中南米系が激増し、アジア系その他が微増している。若い時代にこうした人口動態環境にさらされることが、アメリカの若年層の特徴に影響しないはずがない。

「若者」とは誰なのか——経済階級と学歴をめぐる偏りの問題

ディモックの第三の警鐘は、世代論では、類似点や合意点ではなく、相違点や対立ばかりが強調される問題だ。そのため、実際にはさほどでもない世代間の隔たりを誇張する記事や調査に惑わされがちになる。世代をめぐる「決めつけ」といえば、従来は中高年が「今どきの若者は」と若者の奇天烈《きてれつ》ぶり（「新人類」ぶり）に眉を顰《しか》める行為があった。しかし近年では、若年層が中高年に冷笑的態度をとる傾向が台頭している。スマートフォンやSNSなどのテクノロジーへの適応度合いが亀裂を深めているという見方もある。年長者の発言を「OK Boomer」という言葉で小馬鹿にするのがアメリカで流行っているように、日本でも「昭和」という用語に見られる中高年を疎外する決めつけ的な揶揄がある。しかし、ディモックは「若い世代とそれより上の世代の間の溝を誇張しすぎている」と述べる。すなわち、さほど重要ではない年代や世代の差異を誇張するわりには本質的な差異、例えばトランプ支持者のコアの関心事に絡む所得格差やキリスト教信仰など、世代にかかわらず存在するファクターの見落としにつながる問題と言っているのである。

例えば、ディモックは従来の社会的な世代イメージが、学歴や所得上の上流階級だけに偏っている点を指摘している。なるほど世代論とりわけ若年層を代弁する記号が、学歴格差や経済格差を度外視しがちなのは事実だ。ディモックはこう述べる。「一九六〇年代と七〇年代のベビーブーマーはベトナム戦争に深く反対していた。この考え方は、大学のキャンパスや政治的なイベントで注目を集めた抗議行動に基づいている。しかし、当時の多くの調査によれば、若いアメリカ人（そのほとんどは大学に通っていなかった）は、戦争を経験してきた上の世代よりも戦争に賛成していた」。そして「ジェネレーションZに対するステレオタイプが上流中産階級の経験に偏っていないかどうかを疑うべきである」と唱える。たしかに、メディアで扱われる「若者の声」はいつも大学生だし、反戦運動をはじめＬＧＢＴＱ解放運動など理念的な運動は知的な理論武装と表裏一体でもあるため、大学生ではない若者は置き去りにされやすい。

若者のデモは大学のキャンパス、それもコミュニティカレッジではなく有名エリート大学を拠点に行われる。これだけで、そもそも論として人口動態的には完全な「若者」の平均ではない。もし「若者」の定義が純粋に年齢によるもので、「大学生」を指しているのでないならば、高校卒業で就労している納税者で、昼間のデモに参加する余裕はない若年労働者の視点もカウントしなければならないはずだ。この人たちはどういう戦争観、ジェンダー観、トランプ観なのか、考えてみる必要がある。一般に家庭で支配的なキリスト教や人種由来の親から子どもへの影響は、地元を離れての大学の寮生活でリセットされうるが、大学に行かない子は地元や親の価値観をそのまま引き継ぎやすいため、学歴格差と党派性の関係性はいま一度、吟味する必要がある。

人種、ジェンダー、年代で分断される「ジェネレーションZ」

また一般的なイメージに反して、アメリカ人全体と比較すると「ジェネレーションZ」がリベラルとは言えないことにも注意したい。ピューリサーチセンターの調査でも、「ジェネレーションZ」の民主党支持割合（三三％）は、他の世代や国民全体（民主党支持者三四％）と同程度に過ぎない。無党派層（四五％）

図2　世代、人種、年齢、ジェンダー別の党派性

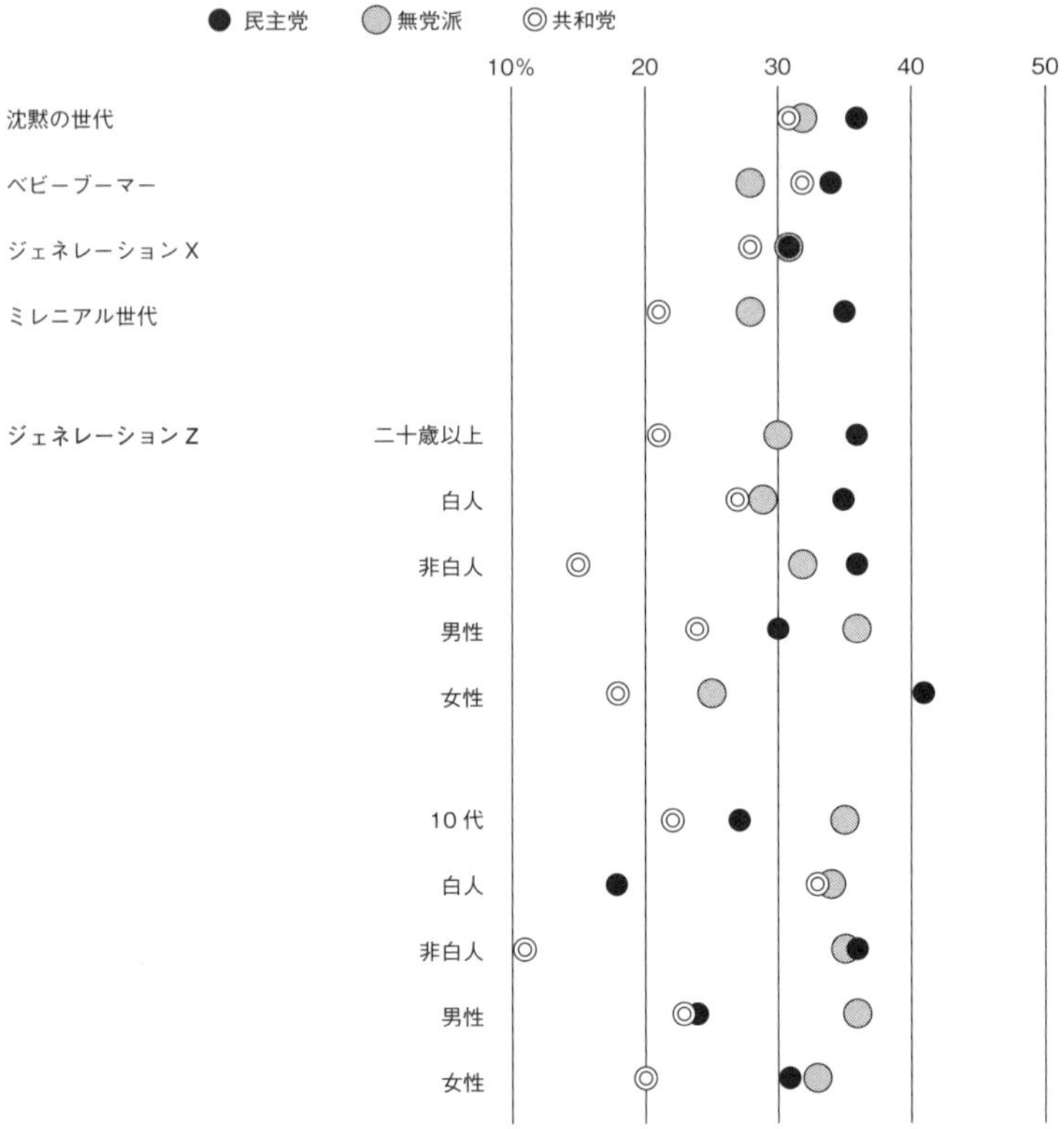

出典：PRRI, 2023

が増えているのだ。しかも、少数（二二％）だが共和党支持者もいる。若者全体が左傾化しているというメディア報道の印象とは一致しない（図2）。

興味深いのは『ワシントンポスト』が伝えるPRRI（公共宗教研究所）の調査である。「ジェネレーションX」までは、共和党と民主党の支持党派比率は割と均等だが、「ミレニアル」以降に分極化が著しい様子が見える。「ジェネレーションZ」のジェンダー、人種、年代（二十歳以上と一〇

代）を細分化してみると、成人と一〇代ではかなりの差がある。一〇代のうちは無党派支持がトップで白人男性は圧倒的に共和党支持である。特に男性でその傾向が強い。二〇代になると緩やかに民主党支持傾向が露見してくるが、それも女性や非白人の傾向で、男性の「ジェネレーションZ」は二〇代でも民主党支持が無党派を上回らない。

つまり、メディアを通して伝えられる「ジェネレーションZ」の左派的印象は、非白人の女性、二〇代以降の若者の傾向で、白人男性の一〇代には必ずしも当てはまらない。これはアメリカ社会の「若者」を単一属性で考えることの問題を浮き彫りにしている。

それでも現存するアメリカの傾向——孤立主義的な「内向き思考」

そうした注意点を踏まえた上で、それでもなお現存するアメリカの若年層の傾向はある。シカゴグローバル問題評議会の二〇二三年調査は、「ミレニアル世代」と「ジェネレーションZ」を中心とした若年層の特徴として、顕著な「内向き傾向」を明らかにしている。同調査によれば、「アメリカの最も若い世代の過半数が、アメリカは世界情勢に関与すべきではないと考えている」割合は四〇年ぶりの高さだという。世界に関与するメリットへの不信が垣間見える。貿易、相互防衛、種々の国際問題における負担の分担といったグローバルな関与がもたらす利益が、他国への経済・軍事援助、国防支出などのコストを上回るのか確信が持てていない。

「ミレニアル世代」と「ジェネレーションZ」も過半数は、アメリカと他国の関係に関するニュースに関心を示しているが、年長世代と比べるとその割合はかなり低い。一般に若者ほど「オープン」という印象を抱かれがちだが、それは無条件に国際関与に変換される性質ではない。アメリカが世界情勢に積極的に関与するのが最善と考える人は少ない。

ただ、理想主義的ではある。年長者は「国の物理的な安全を守ること」を重視しているのに対して、若い二つの世代にとって「世界的な問題に対する国際協力を主導すること」が、外交政策の最優先事項である。アメリカの外交政策において「軍事的アプローチが過度に使われている」と考えるのも彼らの特徴で、連邦政府の国防予算は減らすべきだと考えている。

そして若い世代が「ロシアや中国に脅威を感じておらず、彼らの影響力に対抗するためのアメリカ主導の作戦を支持する傾向が低い」ことも特筆すべき特徴である。

これらの特徴の因果関係はまだ判然としない。可能性としては、冷戦下でソ連の核攻撃の恐怖にさらされた経験、天安門事件など共産主義や全体主義社会の悲劇、東欧の民主化を集団記憶に持っている世代と、それを持たないままイラク戦争の失敗、トランプの当選、そしてイスラエル＝ハマス戦争だけを目にしてきた世代では概念構築に大きな違いが出るのは想像がつく。天安門事件への記憶と同様に、九・一一後に生まれた世代だと安全保障やイスラム圏に対する考え方に違いがある可能性もある。

アメリカでは、社会主義は政治的に全体主義の負の記号で、マルクス経済や再分配の賛否とは別の意味でタブー性やアレルギーが存在した。そうした全体主義への脅威感が若い世代に希薄化していることが、バーニー・サンダースが提唱した民主的社会主義論が浸透している一因かもしれない。つまり、アメリカにおける「社会主義」受容には、「小さな政府」の行き詰まりや格差社会の深刻化を見直す経済固有の論理ではなく、全体主義についての警戒感が薄い新世代の誕生が関係している可能性がある。

図3　世代別の中国・台湾をめぐる立場

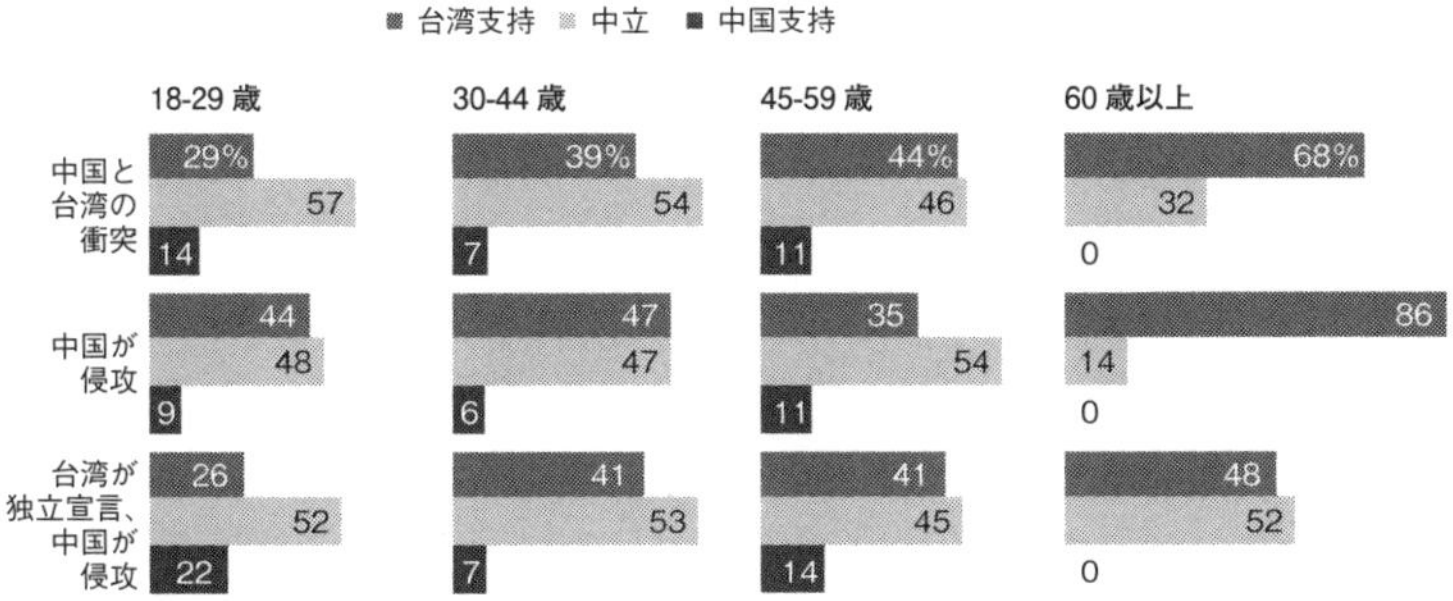

出典：ピューリサーチセンター，2022

こうした特定の国内外の社会事象を指標にした調査はまだ少ないが、一例としてCBS/You Govの調査の「冷戦の記憶のされ方」という調査項目において、アメリカが冷戦に勝利したと考える人ほどウクライナ支援に前向きで、アメリカが冷戦に負けたと考える人ほどウクライナ支援に後ろ向きという結果がある。また対露観に違いが生まれている。五〇歳以上はロシアを「敵」と四四%が認識しているが、それ以下の世代は二九%しかそうとらえていない。

台湾有事に関する見方の世代間の違いも顕著だ。ピューリサーチセンターの二〇二二年調査では、「平時の中台関係」で台湾支持は六〇代以上では七割近いが、一八歳から二九歳では中立が過半数で台湾支持は二九%しかおらず、中国支持が一四%存在する。「台湾が独立を宣言」した場合に台湾を支持するのは二六%に過ぎず、中国支持が二二%いる。しかし、最も驚くのは、「中国が台湾に侵攻した」場合でも、若い層の台湾支持は四四%で中立を上回らない点だ（ただ、より顕著な中立姿勢は四五歳から五九歳に見られ、キャリア的に中核的な責任世代なので対中ビジネスなど実利面と関係している可能性もある）。

「新世代左派」の無党派性と若年層

他方、政治的な「声の大きさ」は人口以上の影響力を持つ。民主党側では政党内の派閥でも世代が一定の影響を与えている。筆者は民主党内派閥を暫定的に四分類してきた。「穏健派A」は財政均衡とビジネス重視（ビル・クリントン派）、「穏健派B」は人権や環境重視だが介入外交ではタカ派的な一面もある穏健派内左派（ヒラリー派）、「伝統的リベラル派」は労組、女性、黒人、利益団体などのリベラル連合、そして「新世代左派」という二〇一〇年代以降に躍進した「党外」グループである。

「新世代左派」は運動としてはBLM（ブラック・ライブズ・マター）、選挙戦としてはバーニー・サンダース支援の活動家の系譜で、ウォークレフト（woke left）と呼ばれることもある。woke（目覚めた）とは社会正義や人種正義を訴える活動家の呼称だが、「ラディカル」「急進」と同様の中傷的含意もある。このグループに親和的なのが「ジェネレーションZ」である。

新世代左派の第一の特徴は、若年黒人の文化的リベラル化である。黒人はキリスト教信仰では保守的で同性婚にも否定的だったが、BLM創設者の三名の黒人のうち二名がクィアを公言しているようにセクシュアリティの解放が運動の根底には絡んでいる。

第二に、属性と争点の横断性である。二〇一一年九月に起こった「ウォール街を占拠せよ」運動は白人中心の運動だったが、二〇一二年以降「占拠運動」の白人活動家らは、水面下でBLM運動やサンダースとウォーレンの大統領選出馬を支援し、反経済格差運動とLGBTQ権利運動が反人種差別運動に合流している。

第三に、すでに見たように無党派の多さに象徴される、政党への帰属意識の低さだ。「伝統リベラル」

は党派的な忠誠心と動員的投票行動が特徴で、黒人有権者も不満を抱えながらも民主党政治家を支持してきた。だが「新世代左派」は民主党を無条件に支持する旧世代に不満を持つ。党幹部への攻撃は手加減がない。

第四に、外交政策に求める具体性の低さだ。ベトナム反戦期からの筋金入りの平和活動家で中東専門家でもあるフィリス・ベニスは、二〇一八年にオカシオ゠コルテスら新世代が当選した中間選挙に際して「進歩的で社会主義的な候補者に、反戦や軍事主義、戦争経済の問題を国内争点とリンクさせる努力が見られない」傾向を指摘していた。

試金石になるのは全米各地の大学キャンパスで行われた二〇二四年の反イスラエル政権のデモだ。かつてのベトナム反戦運動を彷彿とさせる状況だが、当時との違いにも留意しておきたい。

第一に、真ん中不在の分極化が先鋭化している政治状況である。当時の左派は民主党内でも非主流派だったが、今では主流を動かす影響力を持っている。

第二に、ソーシャルメディア時代の影響だ。イラク戦争の起こった二〇〇〇年代半ば、ソーシャルメディア時代の大規模な反戦運動をアメリカは初めて経験している。相互の罵り合い、現地の凄惨な画像・動画が偽情報含め入り乱れる。キャンパスでの学生や教員の逮捕動画も報道されるが、デモを揶揄する書き込みでコメント欄はすぐ埋まる。

第三に、アメリカ国内のエスニック対立が絡んでいることだ。単なる「反戦」あるいは「反テロ」ではなく、親イスラエル・親パレスチナの応援や分断が色濃く、ポリティカル・コレクトネスも絡む。

世代論に意味を与える非世代要因

ピューリサーチセンターは、「Z世代、ミレニアル世代、X世代、ベビーブーマー世代といった用語は、科学的な事実ではなく、一般的な参照点として考えるのが賢明である」としながらも、今後もこうしたラベルを使用していくとしている。その方がわかりやすく特徴を抽出できることもあるからだ。しかし、これだけの注意点があるラベルであることを頭に入れておく必要があるだろう。

福音派キリスト教の若者はイスラエルを支持するからこそ、親パレスチナのデモには「反デモ」主義者が集うし、白人労働者の家庭で子どもも大学に行っていない家庭は、そうでない家庭の子どもの思考とは異なる。イデオロギーや政党支持分布上は、民主党に比べると割合は少ないが、大学の政党クラブのカレッジ共和党もあれば、クリスチャンの若者団体もある。若い世代に共通するのはむしろ人生経験の少なさゆえに抱ける情熱かもしれない。それが保守に振れればロン・ポールなどの革命的なリバタリアン支持になることもあれば、リベラルに振れてサンダースに入れ込むかもしれない。「ジェネレーションZ」の政治傾向は他の属性との関係で慎重に解剖していくことが欠かせない。

第7章　選挙戦はどう戦われるのか?――キャンペーン戦略の変遷

アメリカの選挙と「投票率」

アメリカの投票率は決して高くない。一九六〇年代半ばから一九七〇年代にかけての投票率の低下は著しく、投票を妨げる物理的コスト（後述する有権者登録など）と認知コスト（候補者選びに有用な情報など）をめぐる原因についての研究が深められた。政治学者のスティーブン・ローゼンストーンとジョン・マーク・ハンセンは、有権者の動員の欠如、有権者年齢の一八歳への引き下げ、社会資本関係の弱体化、政治的な無力感、政党帰属意識の低下などを関連要因として指摘した。

しかし、投票率が政治参加の深度を正確に表しているとは限らない。アメリカ固有の特徴も前提として確認しておく必要がある。

第一に、アメリカは義務投票ではないことだ。義務投票とは、法律で投票を義務と定め、投票しないことに罰則を設けたりする制度のことである。二〇一五年に調査機関のピューリサーチセンターが発表した

ＯＥＣＤ諸国の投票率（調査時点直近の各国の全国規模の公職選挙）によると、上位五カ国はベルギー（二〇一四年八七・二％）、トルコ（二〇一一年八六・四％）、スウェーデン（二〇一四年、八二・六％）、デンマーク（二〇一一年八一・八％）、オーストラリア（二〇一三年八〇・五％）だが、そのうちベルギー、トルコ、オーストラリアの三カ国は義務投票制である。二〇一〇年に八七％だったチリは、義務投票を廃止したとたんに二〇一三年の選挙では下から二番目の三三位（四五・七％）に急落している。

第二に、アメリカは有権者登録制度を採用していることだ。選挙ごとに自分で事前に登録しないと投票券は送られてこない。投票率を下げる原因として批判の対象になってきた制度だが、登録の手間すら惜しむような人にまで安易に投票させる必要はないという議論もある。前述のＯＥＣＤ諸国の投票率順位では、アメリカは三一位（二〇一二年五三・六％）で、三二位の日本（二〇一四年五二％）、三三位のチリ、三四位のスイス（二〇一一年四〇％）とともに一見すると低投票率国に属している。しかし、同じ二〇一二年の登録済み有権者の投票率を確認すると八四・三％と高い割合を記録している。

義務投票制で強制力をともなって引き上げられた高投票率を望ましいとするのか、物理コストを自力で乗り越える意志を持っている有権者層で決めることを望ましいとするのか。単純な解はないが、アメリカは後者に傾いている。投票免許更新時の登録（モーターボーター制度）、オンライン登録など、効率化は進められているものの、登録制度自体の廃止を求める動きは見られない。

第三に、アメリカでは棄権も「表現の自由」とみなされる独特の政治風土であることだ。投票は義務化すべきではなく、投票を拒否する権利も尊重すべきとしていて、投票自体を市民の義務や善行として教える政治教育はあまり行われていない。集票が利益になるはずの政治家も投票の義務化には反対する傾向がある。投票は合衆国憲法修正第一条で認められた思想信条の表明行為であり、言論の自由の行使の一つの手段であるとの概念が背景に存在する。アメリカでは文字が書けない高齢の新移民も珍しくないので、筆記ではなくタッチパネルやレバーなどの装置で投票するが「棄権」の選択肢はない。日本のような「白票」抗議ができないので、自宅待機の「棄権」で抗議を示す。非投票者が投票しなかった理由の調査も別個に行わないと、投票率の単純比較ではデモクラシーの成熟度は判断できない。

開かれた予備選挙制度と政治参加の多様性

序論にあるように、政党が脆弱で、政党執行部が公認候補の指名権を持っていないアメリカでは、予備選挙や党員集会によって政党の公認候補を有権者が直接選ぶことができる。私たちは普段あまり意識していないが、有権者が投票で左右する選択の幅に大きな違いがある。

周知のように、日本では候補者（支部長）や比例名簿の順位は政党幹部が決めている。有権者は公示日にポスターを見て各党の候補者を知る。候補者選びに一切絡めないので、小選挙区でも「どの政党にするか」という、ある意味では比例代表的な投票行動になる。報道の焦点も党首の発言や政党幹部の思惑に絞られ、有権者が候補者個人の人物像や実績、当選後の国会での動きに深い関心を寄せる習慣は薄い。公認候補の決定過程に関与できないということは、党の方向性については党幹部に任せるということと同義になる。

しかし、アメリカの制度では、政党の方向性は有権者が自ら決める。このことが、勝ち目のない泡沫的な候補に、主義主張を社会に拡散する「アドボカシー（政策や思想の主張）」目的で立候補させたり、その

キリスト教右派「信仰と自由の連合」の人々（2011年・アイオワ州の事前予備投票会）（撮影：渡辺将人）

ような候補者を応援する「党内社会運動」を可能とさせたりしてきた。ただ、逆説的ではあるが、意中の候補にキャンペーンを通して惚れ込んだものの予備選挙でその候補が敗退した場合、その落胆の大きさから、予備選挙の敵対候補であった党の公認候補を本選挙で支持する意欲を減退させ、棄権も誘発する。他方、予備選挙で支持されれば政党の指名を獲得して政党を乗っ取ることもできる。事実、二〇一六年にドナルド・トランプが共和党でそれを実現した。トランプ政権はアメリカ式の開かれた予備選挙制度によって生まれた。

また、アメリカの市民にとっては、投票が数多くの政治参加の手段の一つであり、重要ではあるが唯一の手段ではない点にも留意しておく必要がある。投票行動研究者のジャネル・ウォンらは、有権者の政治参加を、①投票、②政治献金、③公職者への接触、④コミュニティ活動、⑤抗議活動の五つに分類している。思想が近い候補者や議員への献金も、ボランティアとしての政治キャンペーンへの参加も、政治信条の表現というわけである。個人単位のみならず、政治的集団単位でのメッセージの主張、自らのエスニック集団や宗教組織の政治的な発言力の増大も、多様なチャンネルを介して有権者の政治参加を引き出すきっかけとなる。

ちなみに集団単位の発言力の高まりに呼応する政党側のアプローチを「アウトリーチ戦略」と呼ぶが、他方でそれは有権者側が、自分たちの利益を政治に反映させるために、政党に協力するためのチャンネルでもある。

候補者中心選挙とテレビ広告による「空中戦」へ

かつてアメリカでは都市の密接な人間関係に依存した「地上戦」集票が基本であったが、一九七〇年代以降、「候補者中心選挙運動」が中心となった。政党マシーン（集票組織）が予備選挙の採用、公務員制度改革などによって候補者選定への影響力を失う一方、一九六〇年代にこの流れを決定的にしたのは、マシーンの中核を担っていた移民層が教育・所得レベルの上昇にともなって郊外に流出し、都市部のマシーンが解体されたことだった。固定的な人間関係に依存していた伝統的な選挙運動手段が無力化したことで、候補者側が自力で選挙運動を運営する必要に迫られ、新しい選挙運動手段と選挙コンサルタントの台頭を招いた。

その中心的存在となったのがテレビ広告などメディア戦略を担うコンサルタントであった。これは一九五〇年代以降のテレビの影響力増大と足並みを揃えた「メディア中心選挙」（＝空中戦）の帰結であり、広大なアメリカで効率的にメッセージを届ける知恵でもあった。一九五二年大統領選挙以降、本格的なテレビ広告選挙時代が幕を開け、一九八〇年代以降の巨額の選挙資金も実際ほとんどが放送媒体の広告費に費やされた。

以前は大都市で投票区（precinct）のキャプテンが住民の転居から雇用をめぐる要求など住民の詳細を把握していたが、一九七〇年代に芽生え一九八〇年代に本格化したコンピュータで管理されたリストの作成により体系的アプローチに進化した。ダイレクトメールの応用を経て二〇〇〇年代には消費者データを政党支持の判別に用いるマイクロターゲティングも発展した。精度の高いターゲティングには必須となる世論調査も一九九〇年代までに一般化した。かくして専門分化した戦略対応の必要性から、政党主導の選挙運動は、選挙産業のコンサルタント主導に転換し、彼らの多くはホワイトハウスや議会でも広報担当の重責を担うようになった。

また、一九八〇年代以降、予備選挙、本選挙期間に候補者が議論を戦わせるテレビディベートがより重視されるようになった。メディアのアジェンダ設定や世論調査に大きな影響を与えるため、スピーチライターやディベート訓練を指導するコミュニケーション顧問が陣営内で大きな力を持ち、彼らは当選後、議会や政権でも要職を占めるようになった。

アウトリーチ戦略と戸別訪問による「地上戦」

他方、「メディア中心選挙」による「空中戦」偏重がもたらす問題の克服のため、戸別訪問や電話説得などの「地上戦」の見直しの動きも生じた。相手候補の欠点を攻撃するネガティブ・キャンペーンはテレビ広告の浸透とともに増加したが、有権者の政治的無関心を強め、投票率を停滞させる原因との見方もある。集票効果に関しても、政党帰属意識が強い基礎層には「動員」、説得可能性のある新規開拓票には

「説得」の必要があるが、「空中戦」では細分化した対応が困難だった。また、選挙民の多様化への対応も求められた。それまで民主党が公民権を擁護して黒人票を確保し、共和党が南部戦略で白人票を取り込む「カラーライン」による二項対立が人種集票の基礎だったが、多様なマイノリティ票にはきめ細かい地上戦が必須となった。例えば、アジア系の言語的・宗教的な多様さは顕著だったが、中南米系もカトリックとしての信仰理由で超党派性があり、家庭使用語がスペイン語の有権者増加への対応も迫られた。

そこで二〇〇〇年代以降の政党や候補者は同人種やエスニック集団の運動員による説得、しかも広告ではなく対面の戸別訪問や集会での「対話」を重視する方向に変化していく。二〇〇〇年代以降の実験を用いたイェール大学の研究は戸別訪問や電話など投票日直前の票の駆り出し運動（Get Out the Vote: GOTV）の効果を実証した。属性が異なる集団向けにアレンジされた集票を行うアウトリーチ戦略の基礎である「アイデンティティ政治」への訴求効果は、アジア系、中南米系へのＧＯＴＶ実験でも証明された。中南米系やアジア系向けのアウトリーチでは、スペイン語やアジア言語への翻訳と各民族向けのメッセージによる投票率上昇の効果が認められ、この知見が選挙現場にも波及した。また、対面の「説得」で掘り起こされた有権者は、永続的な「支持者」「活動家」に成長する可能性も期待された。

アメリカ特有の選挙制度も関係している。州別順送り制度の予備選挙の緒戦重要州や、勝者総取り方式の本選挙の接戦州内では、少数集団も人口の実数以上の影響を及ぼせる。このため、アジア系、ユダヤ系、カトリックなどへの政党の取り組みが活性化し、小さな分断の種を政党の「連合」の中にとりこんだ。

オンライン技術の活用

インターネットがアメリカの選挙キャンペーンで利用されるようになったのは一九九〇年代のことだ。一九九九年に連邦選挙委員会（FEC）が大統領選挙でのオンライン献金に対しても通常の献金と同額の公的資金を受け取れると決めたためネット献金も浸透した。ブロードバンドの普及に伴い、二〇〇三年にはブログ、二〇〇六年には動画共有サイトが選挙戦に取り入れられた。

オンライン技術の選挙への活用自体は、前述した政党内の連合形成に見られるように部分的には「統合」させることによる効果を期待された。日常では均質性の高い近隣住民としか交流が持てないが、オンライン上では地域を超越し、何かの争点や候補者支援の共通目的で、日常では交流のない雑多な「保守」「リベラル」のつながりが生まれる。オンライン集票戦略は二〇〇四年大統領選挙のハワード・ディーン陣営の実験的試みで弾みをつけた。ディーン陣営のノウハウを取り入れた二〇〇八年、オバマ陣営は、ソーシャルメディアの活用で説得と小口献金の双方を活性化した。さらに二〇一二年オバマ再選陣営では、ビッグデータ分析を各部門の頂点に位置づけ、有権者データの分析結果で選挙を動かすことを定式化させた。広告面でも二〇〇八年に「プリロール（動画前に流れる）」広告が動画共有サイトに登場し、選挙CMのネット動画化を加速させた。二〇一二年にはYouTubeが陣営のネガティブ攻撃返しやファクトチェックの「ラピッドレスポンス（速射砲的な即時対応）」でも多用された。

興味深いことに、オンライン技術の浸透は、有権者への個別接触、すなわち「地上戦」による動員活動を消滅させることはなかった。新技術は地上戦にも応用された。例えば、二〇一八年中間選挙以降に浸透し、コロナ禍の二〇二〇年大統領選挙でも活用されたのが、政治的な党派性から抽出された有権者をテキストメッセージで説得する「クリックバンク（ボランティアによる電話説得「フォーンバンク」のテキストメッセージ版）」だった。

「クリックバンク」は戸別訪問や電話作戦で展開していた内容を iPad などのデジタル端末上で行う個別の相互対話で、公衆閲覧下におけるＳＮＳ投稿が、相手陣営による反撃の場と化してしまうリスク軽減を主眼とした。連邦法が自動テキスト送信（ロボ・テキスティング）を禁じていたため、ボランティアの人力に依存したが、新技術によるパーソナルタッチ（人間的接触）回帰の効果を生んだ。主として民主党側が意欲的に進めた戦略で、リベラル系組織「ビルド・ザ・ウェーブ」は二〇一八年中間選挙で約二〇〇〇人の「テキスター」が約八〇万通のテキスト送受信を試みた。これらの実験が期せずしてコロナ禍における二〇二〇年民主党陣営のオンライン戦略の「予行演習」にもなった。

ソーシャルメディアの功罪

他方、二〇一〇年代以降、補完的存在だったオンライン技術が、「空中戦」との境界を曖昧にしている。二〇一〇年代に新聞、雑誌、テレビなどのマスメディアが購買数、視聴率を減少させる一方で、読者や視聴者は、ネットのプラットフォームを介してニュースや動画などのコンテンツを受け取るようになった。一般ユーザー編集の「まとめ記事」や書き込まれたコメントとセットで消費され、ネット経由の再解釈を伴って消費されるなか、マスメディアに編集権を独占されることはなくなった。

これは選挙陣営にとって大新聞や著名番組だけを制圧しておけばアジェンダ設定が可能な時代の終焉を意味した。広告やテレビ映像もＸ（旧 Twitter）などで「ミーム」と呼ばれる映像加工などを施されコラージュ風に拡散され、放送や記事を紹介する民間の「紹介者」による恣意的解釈に元のメッセージの方向性が変更される傾向が加速している。

「空中戦」がオンラインに融合するなか、二〇一八年以降、政党はインフルエンサーの政治利用に踏み込んだ。従来型のハリウッド俳優などのセレブリティを代理人にするキャンペーンの見直しとも言える。Twitter（現X）、Instagramなどにおいて主流メディアの著名人とは異質の知名度や人気を誇るインフルエンサーを利用した商業マーケティングは二〇一〇年代前半から存在したが、二〇一〇年以降政治利用が始まっている。同年の中間選挙では民主党下院選挙運動委員会（DCCC）がインフルエンサーに報酬を支払ってGOTV（直前期の駆り出し運動）動員メッセージを拡散させた。

二〇二〇年大統領選挙では政治資金で他を圧倒していたはずのドナルド・トランプ陣営が早期に資金枯渇に陥るなか、ジョー・バイデン陣営は大口、小口双方合わせて六億六一〇〇万ドルを集めたが、そのうち二五・六％をデジタル広告に注いだ。無論、新型コロナウイルス感染症で相当程度選挙がオンライン化した事情と無関係ではない。

戸別訪問はソーシャルディスタンスを保って実施されたが、民主党は空中戦と地上戦の相乗効果を狙い、専門業者と契約してSNSで力を持つインフルエンサーへの協力要請を拡大した。二〇二〇年バイデン陣営が仕掛けた試みの中では、インスタグラムで六一二万人のフォロワーを誇るモデルのインフルエンサーによるバイデンの孫娘二名とのライブ配信が特に話題となった。

ライブ配信は編集済みの動画アップロードとは違う一体感を醸し出す。一万人から一〇万人のフォロワーを持つ「マイクロ・インフルエンサー」は、エスニシティや信仰、利益団体などでセグメント化されたアウトリーチに最適だが、テキサス大学の研究も指摘するように、さらに小さなコミュニティで支持されるフォロワー一万人以下の「ナノ・インフルエンサー」の効果も看過できない。教会関係者など地域指導者の発信もオンラインでは「ナノ・インフルエンサー」の発信として、「デジタル戸別訪問」ともいうべき効果を発揮する。

しかし、こうした新たなオンライン技術が、政党内の結束を増して集票効果を高める一方で、分極化を拡大している問題は無視できない。ソーシャルメディアはネガティブ・キャンペーンを生成しやすい性質を持つ。かつてのテレビ広告による伝統的ネガティブ・キャンペーンは発信主体が明確であった。ソーシャルメディアはファンベースの支持者集団を動員して「ネット世論」を演出し、宣伝効果とコントロール性の双方を確保できる一方で、匿名であるがゆえにネガティブ攻撃の循環（相手陣営も応戦する現象）を招き、自陣営の情報漏洩や内部告発の温床にもなっている。また、サイナン・アラルが言うように、ソーシャルメディアでは広告収入を目的にした経済的動機も牽引力になりがちである。

閲覧数や再生数目的のインフルエンサーの売名的な選挙協力も増加しかねない。インフルエンサーやユーチューバーには保守、リベラル双方で極端な言論の発信者が少なくなく、ケーブルテレビやトークラジオの比ではない分極化増進要因にもなる。また、投稿の自動化プログラムにも抑止手段がない。二〇一六年大統領選挙中の約一八九〇万の投稿を分析したオックスフォード大学の研究は、そのうち一七・九％が一日五〇回以上投稿する自動化されたアカウントだったと明らかにしている。トランプ寄り、ヒラリー・クリントン寄りの比率は四対一で、選挙直前やディベート中に激増していた。

海外からの選挙介入問題

より深刻なのは、オンライン技術の浸透で海外アクターが選挙サイクルに間接的に影響を与えることが容易になったことである。二〇一五年にロシアの機関との関連が疑われる集団から民主党全国委員会がハッキングを受け、クリントン陣営に不利な情報が流出したことで、二〇一六年選挙でトランプ陣営が利益を得た事件が事態の深刻さを物語った。

アメリカ国家情報長官室（ＯＤＮＩ）は外国による選挙への介入を二分類している。第一に選挙誘導（election influence）である。アメリカの選挙に直接、間接に影響を与えることを意図した外国政府や外国政府の代理アクターによる工作活動だ。工作対象には候補者、政党、有権者と彼らの選好や政治過程が含まれる。

第二に選挙干渉（election interference）である。選挙人登録、投票と開票、結果発表など選挙の技術的側面に働きかける工作である。第一の選挙誘導の概念を拡張すると、選挙期間に限定されない政治過程全体を対象とした工作も対象となる。二〇二〇年大統領選挙、二〇二二年中間選挙、いずれにおいても選挙自体を無効化する大規模ハッキングなどの「サイバー攻撃」は確認されていないが、ロシアや中国由来のアカウントによる政治過程の攪乱活動はむしろ巧妙さを増している。狭義の「サイバー攻撃」には該当しなくてもアメリカ国内の自由な表現空間で広がる「言論活動」が、外国勢力から間接・直接に行われていた場合、民主主義社会がそれを「規制」することは困難である。

二〇二〇年大統領選挙サイクルは新型コロナウイルスをめぐる米中情報戦が重なったが、中国による民主党支持層の「反トランプ」熱への加担も見られた。国営新華社通信系のニューチャイナＴＶ（登録数は当時一〇九万）は、防護服とマスク姿の中国人が防疫体制の強化を訴える一方、自由の女神が「ただの風邪だ」と軽視して世界保健機関（ＷＨＯ）予算を削減するという英語によるＣＧアニメをYouTubeに公開した。人権や貿易で中国と相容れない争点を抱える左派の目を逸らすにはトランプの「愚策」批判を共有するのが最適であり、外国が与党の施策を批判する動画はそのまま野党のネガティブ攻撃にもなる。

二〇二二年以降はYouTube、Xなどアメリカ発の既存プラットフォームやアウトレットを使用するオペレーションも顕在化している。同一アカウントがTikTok、Reddit、X、YouTubeなど複数のプラットフォームで連動する「ネットワーク」の中で、アメリカの保守・リベラルいずれかの社会運動を形成し、それが保守・リベラルの活動家や政治家に「仲間」として受容される現象である。二〇二二年、中間選挙を睨んで活発な動きを示した中国やイランに技術的にリンクされるアカウントをXは海外勢力によるものと判断して凍結したが、中には複数のトランプ支持者アカウントがあり、その中でも「Ultra MAGA BELLA Hot」は二万六〇〇〇フォロワー、一八万リツイート、四〇万「likes（「いいね」）」を獲得していた。これと同じようなアカウントは左派内にも生成されていた。散発的に自動生産されるｂｏｔとは異なり、一定時間をかけて明確な人格を伴った影響力のあるアカウントに成長させることで、選挙期間を利用してアメリカ社会をさらに分断させることに作戦の主眼が拡大している。

外国勢力が運営する政治活動がアメリカ国内に浸透しやすくなったのは、組織運営がバーチャルだけで済むオンライン・キャンペーン時代特有の現象である。デモや集会など実体の対面活動が政治運動の基本だった時代には不可能であった。

大きな分極化と小さな分断

アメリカ政治は保守とリベラルの大きな分極化とともに、その内部に小さな分断を多く抱えている。人種、エスニシティ、信仰、ジェンダーなどのアイデンティティから、環境保護、銃所持、消費者運動などの単一争点、炭鉱から農業、製造業、ハイテクまで産業別利害も錯綜する。州や郡、都市と農村など地理で区切れることもあれば、横断的に遍在する属性や集団もある。有権者個人の単位では、経済的には小さな政府を望みながらキリスト教右派とは相容れないＬＧＢＴＱの共和党支持者から、同性婚や人工妊娠中絶に反対の民主党支持の黒人など政策選好は多様である。中南米系でも合法移民は不法移民の強制送還を望むこともある。そこで二大政党はアイデンティティや争点を個別にアピールして支持を取りつける。

つまり、アメリカの選挙には、大きな構図としては二つの世界への分極化を加速する側面と同時に、敵対政党の候補者への対立を煽るなかで、雑多な有権者集団を「連合」としてまとめ上げる「統合的」な作用が併存している。この「分断」と「統合」の両義的動力を支えるのが選挙キャンペーンである。

オンライン技術の浸透も同様の二面性を持っているが、問題の克服にはより困難な状況が立ちはだかる。立法を担う政治家自体が、再選を至上目的とした存在である以上、集票に効果的な新技術を規制することには後ろ向きになりがちだ。中国企業が運営するTikTokを安保セキュリティの面から禁止しようとしていたトランプ元大統領や、政権下の政府機関ではTikTokを禁じる方向に傾いたバイデン大統領が、ともに一転して二〇二四年大統領選挙でTikTokを使用したのは好例だ。ソーシャルメディア戦略をネット黎明期から担当しているベテランは筆者に次のように述べる。「外国にデータを吸い上げられるかもしれないが、それに対応するのは政府の安保担当者の仕事だ。私たちは合法な範囲で票を積み増す技術を利用する」。結果、政権が懸念を示しているアプリを党の勝利のために候補者に使わせる珍事になる。政務や陣営関係者の力が強いと安保政策もなし崩しになる。

インフルエンサー・マーケティングの政治利用にも管轄上の明確な規制が存在しない。サイバー上の人格についてはアカウントの主が実在なのか一般の有権者には判断は困難で、責任も不明確だ。海外勢力が実在のアメリカ人インフルエンサーを間接的に外から育てることも技術上は容易で、分断を外部から煽るツールにもなりうる。最先端の選挙コンサルティングではＡＩを使った動画編集などをキャンペーンの一部に導入する動きがある。しかし、フェイク映像による撹乱などが海外から持ち込まれる危険性の議論は選挙現場では進まない。彼らの仕事は新技術による民主主義の毀損を防ぐことではなく「集票」に尽きるからだ。

他方、一九九〇年代以降「選挙キャンペーンのアメリカ化」が欧米で浸透している。コンサルタントによる選挙マーケティングや「空中戦」のノウハウを世界に販売するアメリカの選挙コンサルタントは少なくない。しかし、アメリカ式キャンペーンはアメリカ特有の条件から生まれてきたもので、予備選挙制度、州を単位とした政治、大統領の位置づけ、人種や宗教の特異性の上に存在する。オンライン技術や広告のスタイルも国や地域の土着の政治風土との相性がある。世界でなかなか「アメリカ化」しないキャンペーンのあり方にこそ、逆にアメリカ的な特質が浮き彫りになるだろう。

第8章　貿易政策と労働者をめぐる「外交の内政化」

「労働者層のための外交」

バイデン政権は「ミドルクラスのための外交」(U.S. Foreign Policy for the Middle Class)を掲げている。「中間層」と訳されることがある「ミドルクラス」は選挙スローガン的なアメリカの政治用語である。かつて、大統領選挙で「ミドルクラス」のための政治を謳ったのは一九九二年選挙のビル・クリントン陣営だった。超富裕層ではないがアンダークラスの貧困層でもない、複数の乗用車と郊外の大きな家を所有する文字通りの「中間層」のことを指していた。一九八〇年代の民主党は大統領選挙での連敗の原因が少数派を代弁する左傾化にあったと考え、中道化に舵を切ってクリントン政権が誕生した。

クリントン政権は社会保障の削減を福祉改革として断行し、Liberal(リベラル)は「Lワード」と呼ばれて嫌われる侮蔑語となった。一九九〇年代以降二〇〇〇年代前半まで、民主党で穏健派(中道派)は主流勢力だった。いわば、現代アメリカ政治の「ミドルクラス」とは、ニューディール期以降の戦後民主党の弱者保護や再分配などを覆いかくす、選挙を意識した穏健派用語だったのである。

しかし、フリーランス・ジャーナリストのジェームズ・トラウブが指摘するように、二〇二〇年代のバイデン政権下では、「ミドルクラス」の政治的定義が「富裕ではない層」へと変化している。グローバル化の被害を受ける労働者を含む、苦境にあえぐすべての市民である。かつて民主党の基礎票であった白人労働者は、グローバル化を経てトランプ支持に乗り換える者も現れた。TPP（環太平洋経済連携協定）への反発に加え、民主党が労働者政党から社会正義的な政党にシフトしていることへの労働者の不満もあった。

バイデン政権は、かつてクリントン政権期には内政用語だった「ミドルクラス」を外交にまで持ち込んだ。労働者を重視する「ミドルクラスのための外交」という哲学を打ち出しているのは、保護貿易路線を堅持し、新たな貿易協定は結ばないという表明である。ここでいう「ミドルクラス」は「労働者」と置き換えられる。トランプ支持に傾いた労働者層と文化的リベラル層を囲い込むには、オバマ政権、トランプ政権という二つの政権との差別化は必須だった。本章では貿易政策がいかに内政を左右するものによって動いているか、トランプ政権期の唯一の自由貿易協定であるUSMCA（アメリカ・メキシコ・カナダ協定）の成立過程を事例に見てみよう。

共和党の経済政策での左傾化

「ミドルクラスのための外交」は二〇一六年のトランプ勝利の衝撃が生み出した。二〇一六年にトランプとバーニー・サンダースに追い風となった反TPP旋風は、民主党エスタブリッシュメントに深いトラウマを残した。この衝撃が、国内の雇用優先、自由貿易協定への警戒、民主党内での左派重視の礎を築いた。これを政策提言として定式化したのが、バイデン政権のサルマン・アフマド国務省政策企画室長とジェイク・サリバン安全保障担当補佐官だった。アフマドが率いるカーネギー平和財団の調査班は二〇一八年からコロナ禍にかけて二年越しにオハイオ州、コロラド州、ネブラスカ州で有権者への聞き取り調査を実施し、グローバル化で増した経済格差の解消とアメリカの国際競争力の維持こそが、中間層の利益になるとの考えに至った。報告書では「タカ派もハト派も孤立主義者もネオコンも一様に、アメリカの力の決定的な柱が中間層にあることでは合意している」と述べている。

根底にあるのはトランプ以前のアメリカに戻ることはないという覚悟である。それは二〇一六年夏の党大会で「ＴＰＰ反対」でクリントン降ろしに熱を入れた左派活動家層が民主党内で無視できない勢力になった現象、そして共和党の「トランプ党」化（共和党の保護主義化）、という二つの現実への適応であった。バイデン政権は、大筋ではトランプ政権の保護主義を継承し、「同盟重視」で差異を演出する二段構えの構造を編み出した。いわば「洗練されたアメリカ・ファースト」と揶揄される所以であるが、そこに貫かれているのは徹底した経済ポピュリズムである。

バイデン政権始動直後のピューリサーチセンター調査（二〇二一年二月）によれば、アメリカ人が「長期的な外交政策の最優先課題」として選んだのは、雇用（七五％）、テロ（七一％）、感染症（七一％）、大量破壊兵器（六四％）、同盟強化（五五％）、軍事的優位性（四八％）、中国の力と影響の制限（四八％）、気候変動（四四％）の順であった。「雇用」を選んだ人を支持党派別に内訳を見ると、共和党層の八五％、民主党層の六七％で、共和党が意外にも上回り、超党派アジェンダ化が浮き彫りになっていた（「気候変動」は民主党層の七〇%、共和党層の一四%で、民主党に偏っていたのと好対照)。

二〇一七年に民主主義基金有権者調査グループ(Democracy Fund Voters Survey Group)のリー・ドルトマンによる報告書「二〇一六年における政治的分断とその後」は、共和党支持層が経済問題で左傾化する一方、民主党支持層が社会的アイデンティティ問題で左傾化していることを明らかにした。経済的にはリベラルだが社会的アイデンティティについては保守的な層が生まれ、結果としてアメリカの有権者の間の意見の相違が、経済問題よりも社会的アイデンティティの方で強く現れていると分析している。

自由貿易の政党だった共和党がかつてに比べて保護主義化していることは、トランプがTPP離脱とNAFTA(北米自由貿易協定)の見直しを訴えて二〇一六年に大統領選に勝利し、それらを実行に移したことにも示唆されている。大型のインフラ投資案も共和党の財政保守とは相容れない政策だった。経済ではリベラルだが社会問題では保守という約三割は、岩盤のトランプ支持者の割合とおおむね符合する。

また、トランプ現象はラストベルトの製造業疲弊による保護主義だけではなく、社会的アイデンティティの保守性との結合で成立していた。白人の間に渦巻いていた人種マイノリティへの反感も背景にあったからだ。

オバマ政権下では、同性婚が推進され、中南米系の不法移民問題の解決が停滞し、ミズーリ州ファーガソンにおける黒人射殺事件後の抗議デモが一部暴徒化した。グローバル化と経済格差問題は国際的に遍在する課題だが、人種隔離政策以来の根深い人種対立、大規模な不法移民、原理的キリスト教信仰は、アメリカに特徴的な政治要因である。トランプはここに切り込んで支持者の信頼を固めた。無党派層の社会保守派、製造業の疲弊で保護主義化した共和党層、元労組の民主党からの転向組は、いずれも経済政策では伝統的な保守に該当しない。

保護主義と社会的アイデンティティの保守性の結合は、二〇一二年以降のティーパーティ運動の分裂の経緯からも理解できる。ティーパーティ運動は当初、二〇〇八年の金融危機に公的資金を投入したブッシュ（子）政権を批判する共和党内の財政保守運動だったが、徐々にキリスト教右派的な社会保守が増加し、保護主義化してTPP反対運動を牽引した。

ただ、ドルトマンの報告書が示す共和党の経済での左傾化は、全面的なものではないことには注意が必要である。共和党支持層内で保護主義的な性質や財政支出への寛容度は増しているが、減税路線の放棄を伴うものではなく、トランプは法人税の大幅な減税を実施しているうえに、「社会主義」へのアレルギーも依然として根強い。

総論賛成と各論反対としての保護主義

USMCA実施法案への超党派の賛成には、「保護主義の共鳴リスク」と「新たなコンセンサスの萌芽」の双方が浮き彫りになっていると安井明彦は分析する（安井明彦「トランプ政権の通商政策と国内政治の変化――保護主義の今後を占う視点」『国際問題』No. 689（二〇二〇年三月））。米中対立の影響で中国企業を念頭に置いた対米投資の審査強化やアメリカからの先端技術の輸出を規制する法律が超党派で成立しているように、トランプ政権下での対中政策では超党派の合意が見られた。

ただ、対中関税をはじめとするさまざまな政策は中国の覇権主義への包括的な対応とも絡んでおり、保護主義だけで解釈するわけにはいかない。中国関連の通商政策ではなくUSMCAがむしろ超党派の保護主義の象徴の例であるという見方がある。

トランプ政権期に二大政党間で前向きな政策調整や合意がなかったわけではない。移民や人種、ジェンダーや信仰など社会イデオロギー問題での亀裂が深まる一方で、ＵＳＭＣＡ実施法のような経済問題では合意が実現した。安井はＵＳＭＣＡがＮＡＦＴＡよりも自由貿易を後退させる保護主義的な性質を持つ一方で、自由貿易協定であることは事実で、典型的な保護主義法案とは違うと主張する。

民主党の保護主義化をある程度抑制するための効果をもたらす意味で、自由貿易の後退を抑止する「新たなコンセンサスの萌芽」だとする見方である。この指摘は、貿易を利益と考える割合がアメリカ全体では増大し、貿易を脅威ととらえる割合が減少している流れと符合する。二〇二〇年二月のギャラップ調査では七九％が貿易を「アメリカの輸出増により経済成長を推進する機会」ととらえ、貿易を経済への脅威と考えた割合は一八％となり、二〇一六年の三四％から半減した。

ＴＰＰに関しては、雇用や賃金への正の効果に対する実感不足から民主党を中心に反対の動きが強まり、労働者層を支持基盤にするトランプ大統領もＴＰＰ離脱を決めた。しかし、ＵＳＭＣＡに関しては超党派の肯定世論が見られた。

ＵＳＭＣＡは二点においてＴＰＰと異質であった。

第一にＴＰＰのような一〇カ国以上の規模の多国間協定ではないことだ。トランプ政権は協定当事国の数が少数に限定されている協定には前向きな姿勢を示し、貿易協定そのものを全面否定した政権ではなかった。

第二に既存の協定の修正協定だったことである。修正協定は、既存協定で利益を感じていた集団は協定維持を望む立場から賛成に回り、協定成立時に反対した集団は少しでも問題点を改善する可能性を望み、前向きな協力を行いやすい。そのため、クリントン政権下でＮＡＦＴＡに反対した集団ほどＵＳＭＣＡに高い関心を示し、トランプ政権のＮＡＦＴＡ見直しを肯定的にとらえる姿勢を鮮明にした。

民主党では穏健派、リベラル派双方に、ＵＳＭＣＡに協力的になりうる政策上の理由が存在した。自由貿易寄りの穏健派には中国要因を踏まえた北米回帰が底流の判断として存在した。穏健派シンクタンクの進歩的政策研究所（Progressive Policy Institute）はＵＳＭＣＡ推進の政策提言「Getting to "Yes" on the USMCA」で、中国が「一帯一路」政策で野心的に市場と資源を開拓し、アメリカの多国籍企業が戦略的に中国から距離を置き始めるなかで、メキシコが魅力的な代替になりうると主張した。その上でＮＡＦＴＡのコアなメカニズムを残すＵＳＭＣＡなしには、カナダとメキシコとの貿易は高関税で立ち行かなくなるという考えを示した。

トランプ政権はＵＳＭＣＡが批准されなければＮＡＦＴＡを消滅させるとの脅しを議会との交渉カードに用いていたが、実際にＮＡＦＴＡ失効前にＵＳＭＣＡが批准されなければ、最大五％の輸出減、最大一・二％のＧＤＰ減、最大三六〇万人の雇用消滅、最大一五万七〇〇〇人の製造業雇用に悪影響を及ぼすと同研究所は試算した。民主党が議席を保有する計二一の下院選挙区がメキシコとカナダへの輸出の依存度が高いことを、ピーターソン国際経済研究所の分析は示した。

民主党穏健派にとってＵＳＭＣＡでトランプ政権と妥協することがＮＡＦＴＡの効果存続において最善の選択だったが、これはトランプによるＮＡＦＴＡ潰しを阻止したいと希望した共和党自由貿易派も同様であった。

リベラル派支持基盤からの賛否

二〇一五年に反ＴＰＰ連合で堅く結束した労働組合、環境保護団体、消費者団体のうち、ＵＳＭＣＡに賛意を示したのは労働組合、消費者団体で、環境保護団体は反対を貫いた。ただ、労働組合も一部の産業組合は反対に回った。労働組合と環境団体の足並みが揃わないことは民主党内の古典的な亀裂であり、連帯を組んだＴＰＰ反対運動がむしろ例外的であったと言える。ＮＡＦＴＡが発効した一九九〇年代には現在ほど深刻視されていなかった気候変動問題が、環境保護団体を連帯に取り込むことを難しくさせている。ただ、利益団体の賛否は政策的な基準で絶対的に決まるものではなく、政権と議会の窓口役の関係性、同じく議会と利益団体の関係性など政治的な要因に左右されやすい。ＵＳＭＣＡでは民主党議会執行部は、前述の弾劾との絡みでもトランプ支持者と重なる労働者層を重点として優先した。

しかし、労働と環境では民主党の象徴的勝利を刻印するほどの交渉成果を引き出しにくいため、議会民主党の作業部会は薬価引き下げにつながるバイオ薬品が焦点になると考えた。トランプ政権内の経済チームが保護貿易派とウォール街派に割れるなかで、ロス商務長官と並ぶ保護貿易派の顔であるライトハイザーＵＳＴＲ（通商代表部）代表は民主党労組派に信頼を得ていた。

ＵＳＭＣＡ作業部会に加わっていたある議員は二〇一八年秋の中間選挙前の段階から「オバマ政権のＵＳＴＲ代表よりもトランプ政権の代表の方がはるかに優秀で手強い」と述べ、ライトハイザーとの協力関係に意欲を見せていた。ライトハイザーは共和党自由貿易タカ派や製薬会社と一時的に緊張関係に陥っても、民主党とＵＳＭＣＡ推進連合を形成する方がトランプ政権として実を取ることになると判断し、民主党作業部会への譲歩を引き出す交渉に努めた。共和党政権の通商代表と民主党リベラル派の共闘をめぐる人的要因が政治過程で効果的に作動したのは、通商政策では民主党の保護主義に近いトランプ政権らしい特質であった。

（1）労働組合

労働組合に関するトランプ政権と議会民主党の合意の目玉は、徹底した監視とルール遵守をめぐる即時対応体制の確立だった。監視に関しては、メキシコの労働改革を監視するためのアメリカの省庁間連携組織の設立、連邦議会への進捗報告義務、メキシコの労働改革の実施度合いを示す基準の設定と基準に達しない場合の強制的な対応、メキシコ現地で労働状況を確認する専門の「労働アタッシェ」の投入などを決めた。また、ルール遵守の速やかな対応を担保する枠組みは、工場単位での実施、米メキシコ間のすべての物品とサービスを対象とし、独立した労働専門家による検証、組合組織や団体交渉が認められない状況のままで生産された物品とサービスへの罰則を盛り込んだ。

これを前進と前向きに評価したアメリカ労働総同盟・産業別組織（以下 AFL-CIO）のトラムカ会長は「労働者が心から支持できる合意に達した」と所感を表明した。労働組合が貿易協定を支持するのは二〇〇一年の米ヨルダン自由貿易協定以来で極めて異例である。無論、すべての労働組合が同意したわけではない。例えば、北米で製造される自動車の鉄とアルミニウムの七割以上を域内原産品とする方針が盛り込まれたことで鉄鋼産業の全米鉄鋼労働組合は賛意を示したが、国際機械工組合は航空宇宙産業の雇用がメキシコに流出しかねないとして反対した。

アメリカの労働組合は産業別組織が基本（シカゴのホテル従業員のストライキ）（撮影：渡辺将人）

(2) 環境保護団体

環境に関するトランプ政権と議会民主党の合意の焦点は、徹底した監視と国民への新たな説明（アカウンタビリティ）にあった。監視に関しては省庁間連携組織を設置して、同組織がカナダとメキシコの環境情勢を分析し、環境に関する義務の実施を監視するなど、協定参加国の環境対策の強化履行のためのより適切な連携の土台を提供すると決めた。また、メキシコの環境法と規制および実施を常に監視する「環境アタッシェ」をメキシコシティに駐在させるとした。国民への新たな説明には、合法的に栽培・飼育された動植物しかメキシコとの貿易で認めない新たな税関の検証メカニズム、米墨国境の環境汚染を指摘する北米開発銀行の権限付与なども盛り込まれた。

しかし、これに対して環境保護団体は納得できるものではないとしてＵＳＭＣＡ反対の意志を表明した。シエラクラブ（Sierra Club）などの環境保護団体は、気候変動への対応不足と大気・水の汚染に関する基準が甘いことを理由に、政権と議会民主党の交渉を失敗と判断した。シエラクラブなど一〇団体は下院議員への公開書簡（二〇一九年一二月一三日付）で「最終合意は気候への脅威」として、主要な環境団体が求める基準に修正が達していないと批判し、議員に反対票を投じることを求めた。

環境保護団体の連合はＵＳＭＣＡを「トランプ版ＮＡＦＴＡ」と呼び、「グリーン・ニューディールを実現したいならトランプの汚染促進ＮＡＦＴＡを拒否せよ」のスローガンのもとに反ＵＳＭＣＡロビイングを展開してきたことから、「汚染のアウトソーシングが企業の気候対策の抜け穴になる点」「グリーン関連の製造業や雇用へのインセンティブの減退」「石油やガスへの依存度上昇」「企業への新規規制の遅延と弱体化を招くこと」など複数の観点で修正案は及第ではないとされた。

既存の産業や企業の雇用維持重視と、新たなグリーン・ニューディール関連雇用への期待とで、労働組合と環境団体は雇用をめぐる方針でも一致できずに亀裂を深めた。

(3) 消費者団体

消費者関連の議題でのトランプ政権と議会民主党の合意成果は処方薬の問題であった。議会の立法権限の維持、バイオ医薬品データが一〇年間保護される条項の削除のほか、ジェネリック医薬品競争や薬価引き下げの障害の原因とされる既存の薬品の新たな使用方法について特許を認める条項の削除などで合意した。また、公正な競争の確保なども盛り込まれた。

消費者団体パブリック・シチズン（Public Citizen）は修正結果を評価し、声明で「問題点がないわけではないが、トランプによる二〇一八年のＮＡＦＴＡ２・０の修正はＮＡＦＴＡよりも優れており、人々の生活を向上させるものだ」と指摘した。巨大製薬会社に高額な薬価を維持させていたＮＡＦＴＡの改善にトランプは失敗したが、議会民主党の努力により実現した修正案は満足いくものであるとの見解であった。

薬価の引き下げは従来から消費者団体の主要課題であったが、それをＵＳＭＣＡの修正を介して実現する方向性が特別な成果として認知された。バイオ医薬品データの保護期間は一〇年をどれだけ年数的に短縮できるかが焦点と見られていたが、議会民主党は条項の削除にこぎ着けたことでこの点をＵＳＭＣＡの建設的成果と位置づけたのである。

社会イデオロギーでの分極化問題と労働問題

当時、上院で民主党が多数党であればＵＳＭＣＡは成立していなかったとされる。背景にあるのはドトマンが指摘する社会イデオロギーでの民主党のいっそうの左傾化である。社会問題においては分断し、銃規制、移民、信仰、セクシュアリティなどの諸問題では党内の合意の糸口がない。

自由貿易協定に関しては、雇用や安価な薬へのアクセスを優先する労組や消費者団体と違い、経済的利益を度外視する環境保護団体の説得が常に難航する。環境保護団体のネットワークは全盛期の労組に匹敵する広範さで、イデオロギー上の左傾化とソーシャルメディアへの浸透を追い風にリベラル派議員の当落を全国規模で揺るがすほどに影響力を強めている。貿易協定を妨害するアクターとして、主要団体の会員の票数に換算できないアドボカシー（政策や思想の主張）としての力は無視できない。

気候変動について環境保護団体の要求を満たさずにＵＳＭＣＡ合意を遂行したことは、環境保護団体と民主党執行部の間に貸し借り関係を生じさせた。バイデン政権の綱領でも、予備選で善戦したサンダース陣営の求めにより、気候変動で譲歩を迫られた。これはバイデン政権にとって、トランプ政権下で議会民主党がＵＳＭＣＡで妥協したことの代償とも言える。

二〇二〇年大統領選挙ではＵＳＭＣＡは二〇一六年におけるＴＰＰほどには争点化しないだろうとの楽観論が民主党では支配的だった。二〇二〇年二月ギャラップ調査では四六％がＵＳＭＣＡ関連のニュースを把握しているものの、熱心に確認しているのは一二％に限定されていたからだ。しかし、ＳＮＳを駆使した環境団体の州横断的な影響力が民主党のリベラル派候補者には恐怖を与えた。その結果、上院で反対票を投じた一〇名は、自由貿易と減税を原則とする共和党のトゥーミーを除けば、残り九名は民主党だった。反対票は揃って気候変動対策への不満を原因としており、環境保護団体の基盤が強い州の意向を反映した。気候変動を重視して反対したサンダースは善戦し、ハリスも副大統領候補として本選で全国的に左派の支持を得た。

格差是正を訴えるサンダースは労働者利益とは親和性があるが、労組的マシーン政治を支えてきた組織との相性はバイデンほどに良好ではなく、サンダースのコアな支持層は社会イデオロギー左派の高学歴層である。そのためＡＦＬ‐ＣＩＯが賛成に回ったＵＳＭＣＡに反対可能だった。ただ、社会イデオロギー左派を優先した政治判断は、選挙区が州規模で広く全国の有権者を相手にする大統領選挙の上院議員候補に見られる作用に限られ、選挙区が小さい下院議員はその限りではない。

一方、ＵＳＭＣＡへの賛成に転じたウォーレンは予備選で左派の支持を失い敗退した。ＮＡＦＴＡとの類似点を根拠にＴＰＰ反対運動を主導した実績がかえってＵＳＭＣＡ賛否への自由度を狭めたのである。ウォーレンはＵＳＭＣＡについて二〇一九年一一月末の段階では「アウトソーシング（特に製造業流出）

抑止効果はなく、賃金上昇や雇用増加にもつながらない」と否定していた。しかし、二〇二〇年一月になって突如「修正は前進した」と述べ賛成に回った。第一に予備選での苦戦からの労働票獲得の必要性、第二にウォーレン陣営に協力するＵＳＭＣＡ賛成派の重要議員が増加したことが影響した。

また、サンダースとの差異化圧力も関係した。サンダースの出馬可能性を現実視していなかったウォーレン陣営は、リベラル票の奪い合いに無策であった。環境保護を重視する進歩的なリベラル派からは裏切り者と見られ、労働組合からもウォーレンの労働者利益観への疑念を招く結果になった。ウォーレンに限らず、分断政治のもとでは超党派合意は成果の定義の仕方次第で選挙に負の効果をもたらすリスクがあった。トランプ大統領もＵＳＭＣＡを再選に向けた政権成果として強調し、署名式から議会民主党関係者を締め出すなど、折衝過程の歩み寄りとは正反対にメディアを介しては「対立」を演出した。

経済安全保障の問題

本章の事例で見てきた内政要因以外に、アメリカの保護主義化を促進しているのが、主として米中競争によって駆動される経済安全保障的な要因である。鈴木一人によれば、経済安全保障には三つの意味がある。他国への依存リスクを低減する「供給の安全保障」（サプライチェーンの安全保障）、技術が拡散して相手国の軍事能力が強化されることを防ぐ「技術の不拡散の安全保障」、そして「他国の規制からの安全保障」である。

トランプ政権は二〇一九年度の国防授権法（ＮＤＡＡ）に含まれる輸出管理改革法（ＥＣＲＡ）において重要技術の流出に先手を打ったが、バイデン政権もこの方針を踏襲している。バイデン政権の狙いも中国である。二〇二二年に成立したCHIPS & SCIENCE法は、アメリカ国内での半導体産業への投資を誘引することを目的に資金援助を受けられることを可能にした。しかしこれは同時に、中国を含む懸念諸国への投資を禁じられる仕組みである。また同年成立のインフレ抑制法（ＩＲＡ）は、電気自動車のバッテリー部品で脱中国を目論《もくろ》んだものだった。

オバマ政権でＴＰＰを推進した政策エリートは、中国を牽制する協定の地政学的な含意を表に出さなかった。有権者は貿易協定と安全保障の関係性を理解しないと判断していたからである。バイデン政権もこの方針を踏襲し、自由なルール作りと覇権主義への牽制という戦略的な含意を丁寧に説明する努力を放棄している。他方で、保護主義と共振する戦略的な政策は有権者に説明しやすい。保護主義的な色彩を部分的に帯びる経済安全保障の推進は、米中競争に関わる不可避の政策であると同時に、有権者に売り込みやすい超党派政策でもある。

経済面で共和党が保護主義化している趨勢の中では、全体として分極化が深化していても、経済的な分野に限れば超党派合意が実現する可能性がある。しかし、通商政策で合意すれば、民主党が党内配慮で、社会的問題では過度に左派に配慮した立場を取らざるを得ない逆説性も強まる。すると超党派で経済的な合意が通商政策で生じることがあっても、その代償としてイデオロギー的分極化が深まる懸念はむしろ強まりかねない。

第9章　アメリカが築き上げてきたこれまでの国際秩序

本章では、まずアメリカが国際秩序形成に第二次世界大戦直後から意図的に注力してきた状況について振り返る。そして、この秩序形成の動きが国際的、さらには国内的な要因から次第に揺らいできた事実を分析する。

覇権維持のための「三つの傘」

まず、第二次大戦後、アメリカはどのように国際秩序を構築し、さらにアメリカの国内政治がどのように「覇権国」としての地位の維持に対応していったかを振り返ってみたい。第二次大戦終結からこれまでの長い間、アメリカが主導する「パクス・アメリカーナ（Pax Americana：アメリカの平和）」といわれる「アメリカの覇権」が現出した時代である。

欧州の衰退と、若い国家であるアメリカの繁栄という歴史的な流れのなか、アメリカは第二次大戦後の世界を再構築していった。米ソ冷戦で、アメリカは明確に「覇権国」の地位を意識し、国際連合や、ドルを基軸通貨とすることを念頭に置いたブレトン・ウッズ体制などを立ち上げたほか、積極的な文化外交を世界的に展開していく。また世論もこれに呼応し、「世界のリーダー」としての意識が国民にも浸透していった。覇権を維持するために「理念の傘」「ドルの傘」「核の傘」という三つの傘を提供し、それぞれを「国際公共財」とすることで戦後の国際秩序を安定化させていった。

(1)「理念の傘」

まず、自由や民主主義を国際的に拡大していこうという想いから生まれた、孤立主義から国際主義(internationalism)への転換はアメリカにとって大きな変化だった。アメリカの外交政策上の大きな方針として建国から間もない一九世紀初めから位置づけられていたのが、「モンロー・ドクトリン(Monroe Doctrine)」に代表されるような孤立主義だった。しかし、冷戦という新しい時代に入り、新たな覇権国となったアメリカにとっては、もはや孤立主義にとどまることはできず、自由主義陣営の旗手として、さらには「世界の警察」として、積極的に国際紛争に介入していくことになった。共産主義陣営から自由と民主主義を守るという義務感が存在し、自らの価値観を徹底的に擁護するという姿勢がアメリカの外交政策を支えていた。このように冷戦期においては、アメリカの外交方針のベクトルは、孤立主義に代わり、一種の「宣教師的」な義務感に裏づけられた国際主義の方向に向かっていった。

この義務感の中心にあったのが、「自由と民主主義」というアメリカ建国の理念そのものだった。「自由と民主主義」こそ、アメリカ主導の国際秩序の中核にあり、この理念を世界中に拡大する装置として、第二次大戦の戦勝国を中心とする国際連合をアメリカ主導で形成した。国連の発展は「自由と民主主義」だけでなく、「法の支配」や国際協調の重要性などが広がっていくことを意味していた。国連という組織を通じて、アメリカ主導の国際秩序が政治イデオロギーの面でも広く共有されていく(1)。

第二次大戦でアメリカと戦った日本、ドイツなどの敗戦国は当初、敵国として国際連合から排除されたが、西側陣営の一角としてアメリカとの同盟国になっていく過程のなかで、国連加盟を許されていった。敗戦国に対しては、「自由と民主主義」という価値観の共有が国連加盟の前提となっていた(2)。このようにして、アイケンベリーが指摘するところの「自由主義的国際秩序(liberal international order)」の根幹となる考え方として「自由と民主主義」が定着していった。このようにしてアメリカは第二次大戦後、「理念の傘」を広げていったのである。

(2)「ドルの傘」

次に、ドルを基軸通貨とすることを念頭に置いたブレトン・ウッズ体制(Bretton Woods Agreements)の構築と自由貿易を推進することで、アメリカ主導の国際経済の仕組みが第二次大戦後、築かれていった。ドルを基軸通貨として、世界経済が動いていく仕組みができていく。これが第二の傘である「ドルの傘」である。

世界経済を牽引していたアメリカが、一九三〇年代に保護主義的な貿易に転換したことが、第二次大戦の遠因の一つとなったのではないかという見方がアメリカでは広く共有されてきた。一九二九年に起こった世界恐慌への対策の一環として、一九三〇年六月、連邦議会がスムート・ホーリー法(Smoot-Hawley

Tariff Act）を成立させた。同法は二万品目以上の輸入品に関する関税を記録的な高さに引き上げるものであった。これに対して、多くの国はアメリカが輸出する商品に高い報復関税をかけた。アメリカが率先することで、各国のブロック経済圏を広げてしまい、保護貿易が台頭する。その結果、アメリカの輸出入は半分以下に落ち込み、世界経済も悪化した。第一次大戦の賠償問題で経済的に疲弊していたドイツは特に苦しみ、これが原因となってドイツ国民をナチス支持に向かわせてしまったのではないかともいわれた。

この失敗を繰り返さないため、第二次大戦後、アメリカは自由貿易を実現するための国際システムづくりに一気に着手した。自由貿易を堅持するための国際的な取り決めである「関税及び貿易に関する一般協定（ＧＡＴＴ）」を戦後直後に発足させ、一九九五年にはＧＡＴＴの後続としてさらに強制力を持つ世界貿易機関（ＷＴＯ）を立ち上げている。

資金の流れが止まれば貿易も止まるため、自由貿易を支える国際金融も重要であり、為替の安定政策をアメリカは進めようとしてきた。国際金融の血液としてアメリカが使ったのが自国のドルである。一九四四年に締結されたブレトン・ウッズ協定では、為替の安定のために、アメリカドルを世界の基準通貨とし、この金とドルの交換比率（為替相場）を一定に保つことを決めた。「金一オンス＝三五ドル」と定め、そのドルに対し各国通貨の交換比率を定めたことで、ドルが世界に流通するシステムが構築された。金とドルの交換比率は一九七一年のいわゆるニクソンショックまで維持され、戦後の世界経済の発展を支えた。

続いて加盟国の経常収支が著しく悪化した場合などの融資制度などを通じ、自由貿易の促進や為替の安定を進める国際通貨基金（ＩＭＦ）を一九四五年に設立し、現在に至る。また第二次世界大戦で疲弊・混乱した世界経済を安定化させるために、ＩＭＦとともに、国際復興開発銀行（ＩＢＲＤ）を設立し、この二つの組織を中心に、国際的協力による通貨価値の安定、貿易振興、開発途上国の開発を行い、自由で多角的な世界貿易体制をつくるため為替相場を安定させていった。

(3)「核の傘」

第二次大戦終盤からソ連との冷戦を予感したアメリカは西欧やアジア諸国との同盟体制の形成に動いた。同盟諸国をアメリカが軍事的に保護するための装置が「核の傘」であり、核保有国に働く抑止の機能を非核保有国に及ぼすことで、アメリカは西側陣営の「陣地」を広げていく形となった。ソビエト連邦を中心とする共産圏に対抗するためのアメリカを中心とする西側陣営の多国間軍事同盟として、欧州では、イギリスやフランスが主体となり、北大西洋条約機構(NATO)が一九四九年に結成された。また、アメリカは日本、韓国、フィリピン、オーストラリアなどと二国間の軍事同盟関係を進め、「ハブ・アンド・スポーク」型の軍事機構を次々に構築していった。

さらに、軍事同盟は実質的な経済同盟でもあった。マーシャルプランによって西欧諸国の復興を支え、ガリオア、エロア資金によって日本・琉球・台湾の復興を助けたのは、軍事的な同盟関係の構築がその背景にある。冷戦下でアメリカと軍事同盟を結んだ西欧諸国や日本は、アメリカの強大な軍事力と核の抑止力の庇護のもと、復興後も安定した経済成長を遂げることにつながった。西欧諸国や日本は第二次大戦以降に植民地経済を喪失したが、アメリカとの軍事同盟はこれを補って余りある大きな経済的なメリットをもたらした。「軍事同盟=経済同盟」という考え方は、アメリカが脱退したことで論議を呼んだ後述するTPP(環太平洋パートナーシップ)協定にも受け継がれている。

（4）「文化」の伝播力と「冷戦コンセンサス」

一方、「理念の傘」「ドルの傘」「核の傘」という三つの傘を支えるために、アメリカがとったもう一つの手段が文化外交政策である。第二次大戦後、アメリカは積極的なパブリック・ディプロマシー（広報外交）を世界的に展開し、自らの文化、思想、イデオロギーなどのソフトパワー（soft power）の影響力を高めていった。

ナイによれば、ソフトパワーとは、国家が軍事力や経済力などの対外的な強制力ハードパワー（hard power）によらず、その国の有する文化や政治的価値観、政策の魅力などに対する支持や理解、共感を得ることにより、国際社会からの信頼や、発言力を獲得し得る力のことである[3]。相手国の政府ではなく相手国の国民に働きかけて、国際社会における自国の存在感やイメージを向上させ、自国についての理解を高めていくのがソフトパワーを使った外交の目標となる。

具体的には、ＵＳＩＡ（United States Information Agency：アメリカ文化情報局、現在は国務省に統合）傘下の西側各国のアメリカン・センターや短波放送のＶＯＡ（ボイス・オブ・アメリカ）による日々の情報発信だけでなく、国際的な奨学金制度、交換留学など永続的な人的交流の関係の構築を第二次大戦直後、一気にアメリカはなしとげた。ソフトパワーはハードパワーと比べて、浸透するのに時間がかかり、効果も拡散するものである。しかし、既存のハリウッド映画やポピュラー音楽の人気などとともにアメリカ政府が意図的に文化的な観点からの影響力の拡大を急いだことの相乗効果で、第二次大戦後の冷戦、そして冷戦終結後の現在に至る「世界の文化のアメリカ化」が進んでいくことになる。

第二次大戦前からアメリカはハリウッド映画やディズニー、ポップス、ジャズなどに代表されるような誰にも愛されるコンテンツを作り続けてきた。このようなコンテンツが世界に広がるとともに、「民主主義」「表現の自由」「人権」「法の支配」などといったアメリカの理念が重なっていった。第二次大戦直後には「ソフトパワー」という言葉そのものはなかったが、アメリカはその力を強く意識し、「ソフトパワー」の影響力の拡大を急いだ。実際、アメリカという国家に対する「魅力」は世界各地から移民を引き寄せていった。

同時にアメリカという国自身が移民を引き寄せるように抜本的な法改正を進めた。その柱となったのが、一九六五年移民法（ハート・セラー法）である。同法は厳しい移民制限をした一九二四年移民法（日本では「排日移民法」と呼ばれている）の割当制度を撤廃し、「開かれたアメリカ」の復活を希求したものだった。六五年移民法では新たな受入制限として、年間総枠を国ではなく、世界の地域別に制限した上で、アメリカ市民の親族の優先的受入れやアメリカ社会が必要としている職業に従事し得る移民の優先的受入れなどを規定した。同法の背景には、移民の国であるアメリカの根本に戻ろうという動きがあった。その結果、メキシコ系を含むヒスパニック系（ラテン系）やアジア系の人口が急増する。移民に対する複雑な感情はあるものの、アメリカというのは移民の国であり、経済的にも文化的にも積極的に移民を受け入れようとする動きが基本的には排外主義を克服してきた。「多様の中の統一（エ・プルリブス・ウヌム）」は貨幣などに刻まれている国是であり、新しいダイナミズムが生まれてくるという理念である。

国民世論も新しいアメリカの覇権を受け入れていった。「覇権」や「パクス・アメリカーナ」、あるいは、国連に象徴される「国際公共財」などの概念そのものは国民がどれだけ正確に理解したかわかりにくいものではある。ただ、それでも冷戦期の国民世論は明らかに「宣教師的」な外交理念を下支えし、国際問題にアメリカが介入していくことを支持していた。

世論を反映して国内政治でも、東側陣営との軍事的対立を優先する傾向が目立っていく。議会は大統領の外交政策をそのまま支持する「フリーハンド」と言われるような状態が続いていた。大統領の国内政治については議会側が厳しい対応をするが、この「冷戦コンセンサス（Cold War Consensus）」のために、大統領の外交政策に対しては議会側も支持するというパターンが戦後長く定着した。このようにして、大統領の外交政策に対して、世論も議会もできるだけ対立を避けようとする「冷戦コンセンサス」が成立していった。

冷戦終結後三〇年間の変化

四〇年以上という長い冷戦期をへて、時間がたつにつれ、「冷戦コンセンサス」は崩れていく。二大政党の変容など国内政治は大きく変わり、外交政策をめぐる大統領と議会との駆け引きも変貌していった。ベトナム戦争の泥沼化に代表される国際関係の変化は、「覇権国」としてのアメリカ国民の意識にも大きな変化を起こしていく。かつての「冷戦コンセンサス」は構造的に消えていくことになる。議会内と大統領は外交政策についても激しく対立する時代になった。さらに外交政策として扱われる争点が拡大する中、非政府アクターが外交に与える影響も大きくなっており、大統領の外交政策に対しても「フリーハンド」は与えられなくなっていった。冷戦終結後から現在に至る三〇年間には次に論じる「自由貿易」への不信、中国の台頭、政治的分極化という三つの大きな変化が生まれていく。

（1）「自由貿易」不信

冷戦終結後から現在に至る三〇年間は「自由貿易」への不信が高まっていく時代でもある。雇用が中国やメキシコ、日本などに流出していくなか、それまでは金科玉条のように守られていたはずの「自由貿易」に対する不満が一気に高まる状況になり、グローバル化の進展は格差を広げる象徴になっていく。技術革新、労働組合の衰退なども格差拡大の理由だが、一般にわかりやすいのがグローバル化の進展である。

G7 サミットで各国首脳と対立するトランプ大統領、2018 年

アメリカの経済的不平等は冷戦終結前から一貫して拡大し続けている。アメリカのジニ係数（〇から一で分布、一は富が一人に独占されている状態を表す）は二〇二三年には〇・四九九[4]となり、G7諸国のいずれよりも高い。

アメリカの家計全体の所得は、景気の山と谷による一時的な中断はあるものの、一九七〇年以降、上昇傾向にある。二〇一八年のアメリカ世帯の所得の中央値は七万四、六〇〇ドルで、一九七〇年の五万二〇〇ドルに比べて四九％増加した。ただ、一九七〇年から二〇〇〇年の間に、所得の中央値の伸びは年平均一・二％で四一％増加し、七〇八〇〇ドルとなったが、二〇

〇〇年から二〇一八年にかけて、伸びは年平均〇・三％にまで鈍化した。(5)

さらに特筆すべきは、上位五％の高所得世帯の富の急速な増加である。二〇二三年にはアメリカの最上位一％の世帯が持つ資産は、アメリカの富の四〇％に相当し、この割合は少なくとも一九六二年以降のどの時点よりも高くなっている。(6) 富める者はさらに豊かになったが、中間層は取り残されてしまった。

アフガニスタン戦争、あるいはイラク戦争を経験するなかで、二〇〇一年九月一一日の同時多発テロ以降の中東重視の安全保障戦略に対する国民の不満も高まっていく。「中東の民主化ではなく、アメリカ国民である私の今の生活を何とかしてくれ」という声が顕著になっていく。こうして、前述の第二次大戦後の国際秩序を支えてきたさまざまな「傘」が弱体化していった。

(2) 中国の台頭

冷戦終結後から現在に至る三〇年間はアメリカの衰退だけでなく、次の覇権国とみられている中国の台頭の時代と重なる。冷戦終結直後にはアメリカの単極構造論が浮上していたが、経済的にも軍事的にも中国が目立つようになり、アメリカの国際政治上の立場を揺るがしていく。経済的には一九九〇年から二〇一八年にかけて、アメリカの一人当たり国民総所得（GNI）は実質ベースで五六％増えたが、中国の増加は目覚ましく、この間九六〇％増となっている。一九九〇年時点でアメリカの一人当たりGNIはドルベースで中国の七〇倍、購買力平価ベースでも約二五倍だったが、二〇一九年にはドルベースで六倍、購買力平価ベースで四倍まで差が縮まってきている。(7) また、中国の軍拡のペースも凄まじく、アメリカの国防総省によると、中国は世界最大の海軍を有しており、二〇二〇年段階で一三〇機以上の主要な水上戦闘機を含む約三五〇隻の艦船と潜水艦からなる総合的な戦闘力を有している。これに対し、アメリカ海軍の戦闘力は二〇二〇年初頭時点で約二九三隻にとどまっている。[8] さらに宇宙やサイバースペースにおける軍事能力をアメリカと競い合っている。

さらに、中国も第二次大戦後のアメリカが行ったのと同じように、一帯一路、アジアインフラ投資銀行、RCEP（地域的な包括的経済連携）などを通じ国際経済、国際金融の安定と発展に積極的に関与することで、国際的な影響力を伸ばしてきた。中国の場合には前述のソフトパワーはいまだ弱いものの、民主国家を分断したり、弱体化させたりするための文化戦略である「シャープパワー」を効果的に使ってきた。ソーシャルメディアを使った世論操作や選挙への介入のほか、アメリカのCATV・衛星放送向けに展開する「CCTVアメリカ」（二〇一二年開局）を介した情報拡散、さらには、中国の言語や文化、歴史を広めるという孔子学院（Confucius Institute）」（二〇〇四年開始）の運営などが[9]「シャープパワー」の例である。いずれも、アメリカの開放性を利用した戦略である点は共通している。

アメリカから中国への覇権交代論も浮上しつつある。新興勢力が台頭し、既存勢力の不安が増大すると、従来の覇権国家と台頭する新興国家との間で戦争が不可避な状態にまで緊張が高まる現象である、「ツキディディスの罠（Thucydides Trap）」論[10]も指摘されるようになった。国際関係上の不安定さが増すなか、アメリカが「世界の警察官」である時代も終わろうとしているのかもしれないという認識も世界的に広がりつつある。

(3) 政治的分極化と機能不全の外交・安全保障

外交の方は大統領の専有案件であるため、議会の制約は比較的、受けにくい。それでも、外交政策にも第3章で論じた国内の分断が大きく影響している。政治的分極化(political polarization)は国民世論が保守とリベラルという二つのイデオロギーに大きく分かれていく現象であった。冷戦終結後から現在に至る三〇年間は、ちょうど分極化が一気に進展した時期と重なる。

この冷戦後の過去三〇年の国際関係の変化、そしてアメリカの内政の変化を見れば、アメリカの国際秩序形成の動きが明らかに揺らいでいることがわかる。冷戦コンセンサスが過去のものとなり、政治的分極化が極まった状態で分割政府が恒常化するという状況は、アメリカのリーダーである大統領にとって、政策運営が非常に困難になっていることを意味する。

近年では、分極化によって気候変動対策、国際支援、移民受け入れなどのいわゆるグローバルイシューの多くをめぐる議論は民主・共和両党の党派対立で進まない状況になっている。

特に、オバマ政権時には予算をめぐる対立でこれまで手をつけられることがあまりなかった安全保障の予算も、財政逼迫を理由に見直しが進んだ。オバマ政権の場合、最初の二年間は、大統領の政党と上下両院多数派の政党が民主党である「統一政府」であったため、大型景気刺激策、ウォール街改革、医療保険改革(オバマケア)などの大きな国内政策が立法化されていった。しかし、共和党が下院で多数派を奪還した二〇一〇年中間選挙以降、主要な政策がほとんど動かない「グリッドロック(gridlock)」状態が続いた。国内政策ではオバマ政権は就任二年ですでに瀕死の状態になってしまい、長いレームダック状態が政権最後まで続いた。

個々の政策について「オバマ政権・民主党」対「共和党」の対立が激化するなかで、話し合いが全く進まなかった。

この対立がピークを迎えたのが、二〇一二年末から二〇一三年の年明けにかけての「財政の崖」をめぐるオバマ政権と共和党との交渉だった。「財政の崖」とは、ブッシュ前政権時代に時限立法として延長されてきた所得税やキャピタルゲイン・配当税などの大型減税（ブッシュ減税）の失効と、財政赤字問題の今後の対応を決めた前述の「二〇一一年予算管理法」に定められた実施予定の自動一律歳出削減（sequestration）の期限が二〇一二年末に同時に迎えるために想定された事態のことである。これらが同時に実施されれば、アメリカの景気に大きな悪影響を与えることが懸念された。また、自動一律歳出削減措置に多額の国防費が含まれていることから、東アジアを対象とするアメリカの安全保障政策を揺るがす可能性が指摘されていた（二〇一三会計年度に予定されていた一律歳出削減一〇九〇億ドルのうち、国防費削減分は五五〇億ドルだった）。

オバマ政権と共和党との交渉では、増税に反対し社会保障の一部削減を主張する共和党と、富裕層への増税を公約としてきたオバマ政権が真っ向から対立し、話し合いは難航した。「公平な社会」を掲げ、富裕層増税を選挙公約としたオバマ大統領は、富裕層増税を盛り込まない共和党案に対して断固、拒否権を発動する意向を示した。他方、共和党は下院で多数派であることが国民からの支持の象徴であるとして、増税を拒否する立場を示した。

二〇一二年末から二〇一三年元旦まで続いた「財政の崖」協議は期限ぎりぎりに、超富裕層の減税措置の停止を見返りにブッシュ減税を恒久化する形で何とか回避された。ただ、その際、自動一律歳出削減は第二期オバマ政権の二〇一三年三月一日まで先送りしただけだった。協議は第一一三議会開会後にスタートしたものの、オバマ政権と共和党の間で具体的な歳出削減案の合意に達することができず、オバマ大統領は三月一日、二〇二一会計年度までに連邦予算を総額一兆二〇〇〇億ドル（約一一〇兆円）削減する大統領令に署名、歳出を毎年、自動削減する強制削減措置が発動された。イラク、アフガニスタン戦費を除いた当時の国防予算は年間五〇〇〇億ドル規模であり、単純計算でも毎年一割（一〇〇〇億ドル）以上の大幅なカットを強いられることになった。

コスト削減による国防力の減退については、ハイテク兵器の駆使など機動性や即応性を高めることでカバーするとオバマ政権は主張していたが、安全保障上は大きな後退だった。国内政治の対立から安全保障政策の予算が大きく一律に削減されていくのは、覇権国として国際秩序を作ってきたアメリカにとっては、かつてはありえない展開だった。

冷戦後の基本戦略だった「二正面作戦」を放棄するとした二〇一二年一月初めのオバマ大統領が発表した新国防戦略（「米国のグローバル・リーダーシップ確保――二一世紀における国防の優先課題」）は、国防費の大幅削減を議会から迫られているなかの苦肉の策と言える。それほど、国防予算にとって財政赤字削減は差し迫った問題になった。

第二次オバマ政権では中国の台頭に対してしっかり対応していくために「アジア回帰（アジア・ピボット）」というスローガンを打ち出していたが、この国防費の削減もあり、中国への対応は後手に回った。その結果、中国の南シナ海への進出などの現状変更を許し、さらには核をちらつかせる北朝鮮に対して有効な対応を見いだせなかった。結局、安全保障政策の自動一律歳出削減は次のトランプ政権まで見直されなかった。

分極化が進むことで、ポピュリスト的な極端な政策が進む。オバマ政権の次の二〇一七年からのトランプ政権の外交政策はその最たるものであり、アメリカがこれまで作ってきた国際秩序を自ら破壊する動きが目立った。二〇二一年からのバイデン政権はトランプ政権の外交を否定し、国際秩序作りに再び取り組んだ。しかし、例えばロシア侵攻に対するウクライナ支援は共和党側の反発もあり、先細りしていった。アメリカの外交・安全保障は過去経験したことのないような機能不全に陥っている。

次章では「アメリカが作った国際秩序」が崩れつつある現状を、トランプ、バイデン政権の外交安全保障政策を振り返る形で検証する。

（1）前嶋和弘（二〇一九）「政治・外交——曲がり角を迎えた「自由と民主政治」という理想」上智大学アメリカカナダ研究所編『北米研究入門２』上智大学出版、一六九—二〇一。
（2）G. John Ikenberry (2005) *Liberal Order and Imperial Ambition: American Power and International Order*, Polity Press.
（3）Joseph S. Nye (2004) *Soft Power: The Means to Success in World Politics*, Public Affairs.
（4）https://www.jetro.go.jp/biznews/areareports/2023?/bf376a689c4f6061.html（二〇二四年五月一〇日にアクセス）
（5）https://www.pewresearch.org/social-trends/2020/01/09/trends-in-income-and-wealth-inequality/（二〇二四年四月三〇日にアクセス）
（6）https://www.washingtonpost.com/news/wonk/wp/2017/12/06/the-richest-1-percent-now-owns-more-of-the-countrys-wealth-than-at-any-time-in-the-past-50-years/（二〇二四年四月三〇日にアクセス）
（7）https://jp.reuters.com/article/china-us-column-idJPKBN2770JF（二〇二四年四月二〇日にアクセス）
（8）https://media.defense.gov/2020/Sep/01/2002488689/-1/-1/1/2020-DOD-CHINA-MILITARY-POWER-REPORT-

FINAL.PDF（二〇二一年四月二〇日にアクセス）

（9）前嶋和弘（二〇一八）「シャープパワー」は自由な社会が生んだ鬼っ子か」『ヤフーニュース』二〇一八年七月三一日　https://news.yahoo.co.jp/byline/maeshimakazuhiro/20180731-00091462/（二〇二一年四月二〇日にアクセス）

（10）Graham Allison (2017) *Destined for War: Can America and China Escape Thucydides's Trap?*, New York: Houghton Mifflin Harcourt.

第10章　岐路に立つリーダーとしてのアメリカ

第二次世界大戦後の国際秩序を作ってきたアメリカ的理念が大きな曲がり角を迎えている。二〇一七年から四年間のトランプ政権が進めた「アメリカ・ファースト（アメリカ第一主義）」的な各種政策は、第9章で議論したように、アメリカが自ら第二次大戦後に築いてきた国際秩序作りを破壊するような逸脱行為にほかならない。同盟国との関係悪化だけでなく、トランプ政権では自由貿易から保護主義（管理）貿易への変化や、非合法移民に対する厳しい対応などの変化が目立ち、「開かれたアメリカ」から「閉ざすアメリカ」に大きく方向転換しつつあるようにみえた。

トランプ政権後のバイデン政権ではアメリカが国際秩序形成の主導権を取り戻すような動きが目立つ。それでもかつてのアメリカの一人勝ちのような時代ではないだけに、試行錯誤している。ロシア・ウクライナ戦争、イスラエル・ハマス戦争におけるバイデン政権の対外政策の、「武器を送ってもアメリカ人は送らない」という傾向はまさにその試行錯誤の象徴にすらみえる。

本章ではアメリカの外交政策の一大転機ともいえるトランプ政権期の各種政策を概括した後、バイデン政権でのアメリカの国際秩序形成への関与の復活について検証し、今後の世界とアメリカの関係を展望する。

トランプ外交・安全保障政策の衝撃

大きな衝撃をもってみられたトランプ政権がもたらした外交の一連の変化は、決してアブノーマルなものではなく、ある程度の必然性を持っていた。誤解を恐れずに言えば、「国際秩序からの逸脱」にも「合理性」があった。分極化が極まるなか、トランプ政権がどんな政策を打ち出しても民主党支持者からは否定的な反応が返ってくる。

分極化とともにトランプ政権後半の二年間（第一一六議会）は、上院では共和党が多数派を維持したが、下院は民主党が多数派だったため、分割政府となった。最初の二年間（第一一五議会）では上下両院は共和党が多数派であり、分割政府ではなく統一政府（unified government）だったが、党議拘束がないほか、[1]上院には少数派が多数派を止めることができるフィリバスターという制度があるため、実質的には分割政府に近い状態だった。[2]

政策を少しでも動かすためには支持層を徹底的に固める必要性がある。支持層への政策的な還元を徹底したのがトランプ政権だった。トランプ政権時には国際主義に対して比較的否定的な共和党支持者の声を代弁するかのように、これまでアメリカが作り上げてきた国際秩序形成からの逸脱を模索した。具体的には「自由貿易」「国際協調」「開かれた国」「世界の警察官の役割」の見直しの四点がある。そのいずれも

「アメリカ・ファースト（アメリカ第一主義）」という言葉で象徴される。

（1）自由貿易から管理貿易への転換

まず、自由貿易やグローバル化に対する反発の背景には、過去三〇年間、アメリカ国内の格差が少しずつ拡大した点が大きい。前述のようにグローバル化する世界経済のなかで、アメリカ国内、特に共和党支持者の間で自由貿易がやり玉に挙がった。特に中国に対する批判は強い。中国の場合、二〇〇一年にWTOに加盟したが、その後も国家資本主義的な体制は変わっていない。半官半民の中国企業との合弁は技術移転を半ば強要されてしまい、知的所有権はないがしろにされているのが現状である。中国政府の為替操作の疑いは常に浮上している。トランプの支持者の一部は「自由貿易は経済的なテロだ」とさえ、言い放っている。トランプ政権は「アメリカは貿易を自由に開いているのに、ほかの国は自由貿易とは名ばかりで、市場開放は不徹底」とし、「アメリカ国内の多くの人々を犠牲にしてほかの国を富ませていた」という主張をした。

この流れのなか、アメリカにとって「公正で相互的な貿易（fair and reciprocal trade）」を達成しようというのがトランプ政権の狙いであった。関税を上げるなどの制裁をちらつかせ、各国と二国間協定で再交渉し、「不公正」を正していくとした。その手段として、自由貿易から管理貿易への転換を進めた。環太平洋パートナーシップ協定（TPP）からの脱退に始まり、北米自由貿易協定（NAFTA）と米韓自由貿易協定（KORUS FTA）の見直し協議など、トランプ政権は矢継ぎ早にこれまでアメリカが作り上げた国際間の自由貿易の秩序を壊そうとしてきた。

「不公正な」とする貿易と戦うためにあらゆる法的手段を使うとし、外国製品に対しての関税引き上げを行った。特に中国の「経済侵略」に対しては、徹底的に対抗していく姿勢を明確に示した。二〇一八年三月下旬、自国産業の保護を目的に鉄鋼・アルミニウム製品の輸入制限を開始し、中国や日本などを対象に鉄鋼、アルミの追加関税を発動し、六月から欧州連合（ＥＵ）やカナダ、メキシコも対象に加えた。これに対して、日本を除く多数の国が報復関税を発動するなど、世界的な貿易戦争が広がった。中国製品に対してはその後も知的財産権侵害を理由とした制裁関税を数度にわたって課した。国家の富の源泉は貨幣の量であるとし、貿易黒字を経済政策のポイントとみなす、一六～一八世紀の重商主義のような過去の遺物とみられてきたものが復活してきた。

自由貿易から管理貿易に向かったトランプ政権の大きな変化について、前述のように、自由貿易の中で各国経済が互いに成長するという理想から考えれば、世界経済にとっては自由貿易から保護主義にベクトルが変わることは見逃せない兆しではある。自由貿易が後退することは世界を不安定化させる可能性があるため、懸念はアメリカの中にもある。

ただ、自由貿易やグローバル化に対する懸念を抱いているのはトランプだけではない。二〇一六年選挙でも民主党の予備選で大健闘したサンダースも徹底的にＴＰＰに反対を唱えた。この動きを見て、民主党の予備選で勝利したヒラリー・クリントンも自説を曲げ、ＴＰＰに反対の立場を取らなくてはならなかった。

（2）国際協調路線の見直し

アメリカの理念を伝える装置であった、国連に象徴される「国際公共財」に対しても、「途上国寄りであるため改革が必要」という声が共和党支持者を中心に広がっていった。二〇一七年一月のトランプ政権発足直後、アメリカは地球温暖化対策の国際枠組み「パリ協定」やTPPからの離脱を次々に宣言していく。また、WTOについても、脱退を何度もほのめかした。二〇二〇年には新型コロナウイルスへの対応で「中国寄り」だと批判してきた世界保健機関（WHO）からの脱退も表明した。

トランプ政権時の国際協調路線の見直しについては、マルチラテラルな外交（国連、WTO、G20など）から、各国首脳と個別に話し合い、取引をしていく「一対一外交」を重視するというスタイルへの変化も大きい。多国間交渉でなく、〝取引〟の結果が見えやすい二国間交渉を行う取引の中では理念（人権、多様性、民主主義）よりも、「国益」を最大限に重視していく姿勢が顕著になる。

（3）「開かれたアメリカ」の路線変更

国益重視の中で、「開かれた国」というアメリカの理念も変わっていく。一種の排外主義である。「メキシコ国境に壁を造る」「イスラム教徒の入国禁止」など、アメリカに入ってくる多様な人々を規制していく動きをトランプ政権は加速させた。オバマ大統領は二〇一二年六月に大統領令で、非合法移民のうちいくつかの条件に当てはまる若者に限っては在留を認める「幼児不法入国者送還猶予措置（Deferred Action for Childhood Arrivals: DACA）」を導入したが、二〇一七年九月にトランプ大統領はこの制度の廃止を大統領令で決めた。

トランプ政権では非合法だけでなく、合法的な移民についても各種の制限を行った。高度な技能を持つ専門職の外国人労働者の受け入れのためのH1Bビザについても、発給に大きな制限を行った。「閉ざすアメリカ」のベクトルのなか、アメリカという〝顔〟は大きく変わっていった。二〇二一年四月末に広報され、二〇二〇年に実施した一〇年に一度の国勢調査結果では、アメリカの人口は三億三一四四万九二八一人で一〇年前に比べ七・四%増にとどまり、一七九〇年の調査開始以来、世界恐慌後の一九三〇年代の成長率七・三%をわずかに上回る史上二番目に低い伸び率だった(3)。その一〇年前の調査では、二〇〇一年から二〇一〇年までの一〇年間に永住権を与えられた移民の数は一〇五〇万人を超えており、一〇年単位ではアメリカの歴史上もっとも移民の数が多くなっていたのとはあまりにも対照的である。

(4)「世界の警察官」の役割の縮小

さらに、トランプ政権では明確に「世界の警察官」の役割の見直しも打ち出した。シリア、アフガニスタンから撤退の方向性を探り、中東への軍事介入などを見直していった。同盟国に対し、「新しい同盟関係」として、駐留米軍に対する負担が足りなければ米軍そのものを縮小、さらには撤退させる可能性を示唆した。韓国、欧州、日本などがその対象となった。一連の動きは「世界の警察官」であるアメリカの責任からの解放を目指したともいえる。

例えば、在日駐留米軍の経費を例に出してみよう。二〇一六年の選挙戦の直前から、トランプは在日駐留米軍の全額負担に応じなければ、米軍撤退など日米間の合意を解消し、核保有も含め、自主防衛を促す可能性があると何度も発言した。これに対して日本側は、米軍駐留経費に占める割合の中で日本側の負担は七五%に達しており、他の多くの同盟国よりも日本側は負担しているなどと主張した。さらに、日米安全保障条約は片務的なものではなく、「極東における平和と安全」のために米軍は駐留しており、日本という戦略的に非常に重要な場所を利用している、またアメリカの対中国、対北朝鮮政策の最前線としての在日米軍の役割があるといったメリットなどを挙げ、日本側は反論した。

ただ、一連のトランプ政権の主張は「取引の材料」にもみえる。トランプ政権の立場からみれば、はったりのような発言であっても日本側に議論を巻き起こし、負担増の可能性を引き出せる可能性がある。さらに、貿易交渉などで「日本からの譲歩を引き出せる」かもしれない。「アメリカが無理をして日本を守っている。その経費を負担すべきなのは当然だ」と思い込んでいるトランプ大統領の熱狂的な支持者たちの心をつかむ「合理的な」やり方ともいえる。

それでも、外交や安全保障は言葉のゲームでもある。「在日駐留米軍の撤退の可能性」が、たとえほんの少しでも実際にみえてきた段階で、中国を含む近隣諸国の出方も変わってくるであろう。「日米同盟」が崩れてしまうというイメージは少しずつ国内の安保法制議論をめぐる世論にも影響を与えていく。そうなると、東アジア、南アジアの地政学的なリスクが高まり、不安定要因となる。このような動きは前述の第二次大戦後のアメリカ中心に進められてきた国際秩序形成の動きと逆行する。

トランプ大統領の行動を見ていると、トランプ政権はまるで「壊し屋」のように、前述したアメリカが意図的に作り出していった国際秩序を意図的に崩していくようにふるまったようにすらみえる。理念の面でもトランプ政権のアメリカに対しての危惧は少なくない。フリーダムハウスによる民主主義の指標は、アメリカを中心にかなり落ち込んでいる。トランプ大統領の破天荒なX（旧Twitter）の前では「法の支配」という言葉も色あせてしまうように世界は受け止めた。ポストグローバリズムといえるような世界各国のさまざまな動きの震源地はトランプ政権にあるようにみえる。

それでも、注意しないといけないのは、トランプ政権以前からこのような方向修正の動きがあった点である。「アメリカはもはや世界の警察官ではない」と明言したのは、オバマ政権であり、次のトランプ政権との継続性もあった。核開発を続けた北朝鮮が内部崩壊するのを待つという「戦略的忍耐」や、二〇一三年夏に「レッドラインを超えた」はずのシリアへの人道的観点からの介入を見送ったことなどのオバマ政権の政策スタイルもあって、アメリカ衰退論、不作為論が同政権の外交の枕詞のように語られてきた。

(5) トランプ政権終盤の変化

国際社会におけるアメリカの役割が揺らぐなか、それでもトランプ政権終盤には理念外交への回帰とでもいえるような状況が生まれつつあった。これは中国に対する厳しい対抗姿勢をみせつつ、アメリカが民主主義や法の支配、人権などを重視する必要性が高まったためである。

中国が二〇一七年六月に民間企業などに当局の情報収集活動への協力を義務づける「国家情報法」を施行して以来、米中のあつれきは明らかに激化した。前述の貿易上の不均衡に加え、中国を安全保障上の脅威としてトランプ政権が強く認識するようになる。国家安全保障戦略(NSS 2017、二〇一七年一二月)、国家防衛戦略(NDS 2018、二〇一八年一月)、核態勢見直し(NPR 2018、二〇一八年二月)と政権発足約一年の間に、中国とロシアを念頭に置いた安全保障上の国家戦略をアップデートしている。さらにトランプ政権では二〇一八年二月、中国の台頭を強く意識し、有事の際の台湾防衛などを明記した内部文書も作成された(4)。

二〇二〇年七月二三日のポンペオ国務長官の対中政策の演説(5)は、対中強硬の動きがさらに一歩進んだ「理念外交」への回帰の端緒にもみえた。ポンペオ長官はアメリカのこれまでの歴代政権が続けてきた、一定の関係を保つことで変化を促す「関与政策」について、「失敗だった」と訴えた。中国に対抗するため、有志の民主主義国による新たな連合も提唱した。「中国共産党は知的財産を盗もうとし続けてきた」「中国は国内で独裁主義的となり、海外ではより攻撃的に自由への敵意をむき出しにしている」「トランプ大統領は『もうたくさんだ』と言っている」「中国が振る舞いを改めないのであれば、われわれはアメリカ国民の安全や経済を守るため行動する」「両国間の根本的な政治的、イデオロギーの違いをもはや無視することはできない」「世界の自由国家は、より創造的かつ断固とした方法で中国共産党の態度を変えさせなくてはならない」「中国共産党に関していうなら『信頼するな、そして確かめよ』という原則が重要だ」などがポンペオ長官の演説の骨子となっていた。

「独裁」への反発、「自由」の強調など、アメリカのこれまでの外交の理念に回帰しつつあるのは注目に値する。演説の中でのニクソン政権の対中姿勢などへの言及も「新冷戦」を念頭に置いているとみられる。対共産党という本丸に迫ろうとしているほか、中国の封じ込めを超えて、巻き返しを進めているようにもみえる。これまでの貿易やハイテクの対立も、最終的には国家や共産党が変わらないと動かないという現実をトランプ政権は再認識したのかもしれない。

そもそも、トランプ政権の対中政策をめぐる動きの根底には、次なる覇権国に成長しつつある中国の台頭を崩そうとする「秩序維持」の動きもそれ以前から見え隠れしていた。安全保障上の対中強硬姿勢が、民主主義や自由、法の秩序などのアメリカ的価値の優位性を強調する動きにつながるのはむしろ必然ともいえた。

バイデン政権と今後のアメリカ

前述のように第二次大戦後の国際秩序を築いてきた際の理念といえる価値を鮮明にする萌芽がトランプ政権の最後の半年にはみえた。この流れを引き継いだのが二〇二一年一月に誕生したバイデン政権である。前政権のやり方からの明確な決別と、前政権からの継続性を同時に有しているのがバイデン政権の外交安全保障である。トランプ政権の外交・安全保障上のアプローチと明確に異なるのは、国際秩序形成への意志、民主主義という理念の重視、外交スタイルの変化である。一方、トランプ政権からの継続性が目立つのは、世論の重視、対中政策などの方向性である。

(1) 国際秩序形成への意志

バイデン大統領は「アメリカは戻ってきた(America is Back)」「外交が戻ってきた(Diplomacy is Back)」とのフレーズを繰り返し使っている(6)。トランプ以前の外交安全保障への明確な回帰をうたい、アメリカの国際秩序形成への意志を鮮明にしつつある。

バイデン外交にはトランプ前政権と比べて大きな変化が三つあった。一つ目は、国際協調を重視する姿勢を鮮明にしていることである。地球温暖化対策の国際的枠組み「パリ協定」へ復帰し、世界保健機関(WHO)からの脱退を撤回した。国際的な同盟関係を素早く回復させるのがポイントであり、トランプ外交がアメリカの孤立を招いたとし、欧州を含めた同盟国を重視し、関係改善に力を注ぐ姿勢を見せた。

世界中の同盟国らと関係を強化し、大国間競争に必要な抑止力を提供する姿勢を明確に示している。また、二〇二〇年から猛威を振るった新型コロナウイルス対応についても、ワクチンを共同購入し公平に分配する国際的枠組みであるＣＯＶＡＸの中心的な役割を担いながら、国際協調で進めていくことを決めている。

さらにトランプ政権時代、「国を閉ざす」象徴だったメキシコとの国境の壁について、バイデン政権発足とともに建設を取りやめた。さらに、前政権が設定した九月末までの二〇二一会計年度に受け入れる難民の上限一万五、〇〇〇人を六万二五〇〇人まで引き上げ、二〇二二年度には、上限数をさらに二倍の一二万五〇〇〇人に拡大した[7]。「開かれたアメリカ」の復活ともいえる。

G7 広島サミットで首脳らと歓談するバイデン大統領、2023 年

ただ、注意しないといけないのは、完全にトランプ政権前の動きに戻ったわけではない点である。同盟国の重視といっても、「世界の警察官」であるアメリカの防衛的な責任を同盟国に負担させようという流れにもみえる。この点などはトランプ政権、あるいはオバマ政権からの継続性も見え隠れしている。

(2) 民主主義というイデオロギー

前政権からの変化の二つ目は、世界各地の民主主義を支える姿勢である。民主国家の首脳を集めた「民主主義グローバルサミット」の開催を約束しており、トランプ政権が、サウジアラビア、ロシアなど権威主義的な国々と付き合いを深めていたのとは大きく異なっている。

民主主義の根幹にあるものが「人権」や「環境」であると考えるのもバイデン政権の特徴である。例えば、ロシアの反体制派指導者ナワリヌイ氏の毒殺未遂事件を踏まえ、アメリカはロシア政府高官らに制裁を初めて発動した。ロシアとは二〇二一年二月、核軍縮条約である新戦略兵器削減条約（新ＳＴＡＲＴ）の延長合意を行ったが、人権問題では厳しい姿勢を示している。気候変動問題も、人類の生存を揺るがす問題として重視しており、パリ協定に速やかに復帰した。環境対策が不十分な国からの輸入品に対して炭素国境調整課税も検討している。今後、これは各国を巻き込んだテーマになるだろう。

さらに、トランプ政権以上に、バイデン政権は米中対立を「民主主義対権威主義」というイデオロギー対立というレンズでみている。前述の「国家安全保障戦略」策定指針では、中国について「攻撃的かつ威圧的に振る舞い、国際システムの中核をなすルールや価値観を弱体化させている」と指摘した。

実際、「中国的な権威主義」が民主主義を侵食し続けている。途上国の権威主義的な体制の国家を中国は資金提供を行って援助し、味方につけ、勢力を拡大する。コロナ禍でのワクチン外交という手段も含め、自由民主主義的な国家の中でも中国の経済力と国際的な政治力に取り込まれ、中国の動きに反対できない。

このような中国の動きを封じ込めるように、バイデン政権は民主主義を共通の価値観とする「民主主義グローバルサミット」の開催を続けている。民主主義と法に基づく国際秩序を強く押し出すことで、中国への強い対抗姿勢を打ち出したわけである。このあたりは「共産主義対資本主義」という冷戦時代をほうふつとさせる。

（3）ウクライナ戦争

ウクライナ戦争はバイデン政権にとって、トランプ前政権時に揺れた国際秩序を再構築する絶好の機会であっただけでなく、独裁政権であるロシアの力づくでの現状変更の動きを牽制する意味でも「民主主義を守る最後の砦」としてアメリカが徹底的に支援する必要があった。

ロシアが二〇二二年二月に侵攻して以来、アメリカはこれまでウクライナに対して、青天井といえるほど武器を提供してきた。戦争開始直前から約二年の間（二〇二二年一月二四日から二〇二三年一〇月三一日）にバイデン政権がウクライナに提供した援助額は計七五四億ドルとなっており、そのうち武器などの軍事援助は四六三億ドルに達した。(8) 北大西洋条約機構（ＮＡＴＯ）や欧州連合（ＥＵ）の加盟国の大半を含む欧州の数十カ国も、ウクライナに多額の援助を行っているが、軍事援助に限ればいうまでもなくアメリカは世界最大のウクライナ支援国であり、ウクライナの文字通り生命線がアメリカからの援助だった。

イスラエルなどのアメリカの対外援助受入国の中でウクライナは過去二年の間、一躍トップに躍り出ている。ヨーロッパ諸国がトップの座を二年間維持したのは第二次大戦後にトルーマン政権がマーシャル・プランを通じて大陸の再建に巨額の資金を投入して以来、初めてのケースである。

トランプ政権の四年間は欧州との関係を中心に同盟関係が大きく傷ついた。二者での取引を重視するトランプ前大統領のスタイルから二国家間外交を重視したこともあって、多国間外交も大きく後退した。このトランプ時代に対するアンチテーゼといえるのがバイデン外交である。政権発足以来、国際協調路線への回帰、同盟国との関係修復、多国間外交重視、民主主義の重要性の強調を続けてきた。オバマ政権からトランプ政権にかけて使われていた「アメリカは世界の警察官ではない」という言葉をバイデン大統領は使用せず、アメリカの国際的立場を取り戻そうとすることに躍起になっている。

そのバイデン政権にとって、ウクライナ戦争へのコミットメントとはトランプ政権以前のアメリカの作ってきた国際秩序をとり戻す象徴にほかならない。バイデン外交にとって、ウクライナへの支援は国際協調路線そのものであり、欧州を中心とする同盟国との良好な関係がなければ難しいものであった。

ウクライナへの包括的な支援はアメリカがこれまで世界に広げてきた理念を再確認するソフトパワーの復活の過程でもあった。民主主義の重要性を強調し、「法の支配」の重要性を各国に強く訴え、それを逸脱するロシアのプーチン大統領をバイデン大統領は「独裁者」と厳しく批判した。ウクライナ支援を通じてバイデン政権は「世界の警察官」の役割に復帰し、アメリカが作ってきた国際秩序の再構築を試みているようにもみえる。

また、ウクライナ戦争はこれまで亀裂が入っていた米欧同盟の復活も意味していた。欧州諸国のNATOへの軍事コミットメントはここ二〇年ほど十分でなく、そのため、アメリカ側がNATOに拠出する予算負担が目立っていた。欧州の軍事負担が足りないことに不満を持ったトランプ政権が欧州に対して厳しい態度を取ったのが米欧関係の揺らぎの象徴だった。バイデン政権に代わり、欧州側はバイデン政権が主張する同盟関係の修復を期待したが、拙速だった二〇二一年夏のアメリカのアフガニスタン撤退で欧州との関係は再び揺れた。

しかし、二〇二〇年二月のロシアのウクライナ侵攻で状況が一変し、米欧関係の修復が一気に進んだ。それまで防衛負担を渋っていたドイツが軍事費を増やしたことに代表されるように、欧州諸国の軍事負担が軒並み増え、米欧間の長年の課題が解決に向かった。

ＮＡＴＯは復活しただけでなく、ロシアの現状変更の動きを懸念し、北方へ拡大した。フィンランドおよびスウェーデンがＮＡＴＯに加盟した。ちょうど冷戦時と同じように米欧同盟は共通の敵によって強化されたともいえる。さらに、民主主義、法の順守といった共有する理念が米欧関係の復活にあったのも言うまでもない。

(4) イスラエル・ハマス紛争の影響

しかし、イスラム組織ハマスによるイスラエルへの奇襲攻撃に端を発した二〇二三年一〇月からのガザ紛争で、ウクライナへの支援の余地はさらに小さくなりつつある。

アメリカの場合、イスラエルとの関係は、イギリスとともに「特別な関係」と呼ばれる。これはアメリカ国内のユダヤ人が経済的に豊かであり、政治に影響を与えているということ以上に人口の二〇％から二五％を占める福音派が徹底したイスラエル支持である点が大きい。これだけの大きな支持があるため、「イスラエル関連はアメリカの内政問題」といっても過言ではなく、アメリカにとってイスラエルは特別な同盟国である。それもあって、どうしてもイスラエル側に外交や安全保障のリソースを割かざるを得ず、アメリカの中東へのコミットメントは大きくならざるを得ない。

イスラエル・ハマス紛争で、国際社会はイスラエルに対して、自衛権は認めるものの過剰な行使は許さないとのメッセージを発信しているが、イスラエル側に受け入れる気配はない。アメリカのイスラエル支持の強さは欧州や日本などと比べても目立っており、アメリカはイスラエルに自制を求めてはいるものの、本気でイスラエルのハマス掃討作戦を止めようとはしておらず、ハマス壊滅を目的としたガザ地区での攻撃を容認する動きにある。

ウクライナ支援とイスラエル支援はトレードオフとなっていくであろう。つまり、イスラエル支援の方を優先し、ウクライナの方の支援は見直していく流れになりつつある。特に前述の「アメリカ・ファースト」のムードが強い世論を考えるとウクライナへの積極的な支援はなかなか難しい。

それでもバイデン政権は必要な限り、ウクライナへの支援の継続を強調している。イスラエル・ハマス紛争が勃発した後の二〇二三年一〇月二〇日、バイデン政権は連邦議会に一〇〇〇億ドルを超える緊急予算を要請した。この予算には議会が通す見込みが強いイスラエル支援に合わせる形で、ウクライナ、台湾への支援も含まれているのがポイントである。特にウクライナに対する軍事支援は六一〇億ドルとなっている。

ウクライナ支援予算の命運を握るのは、共和党が僅差だが多数派を占め、ウクライナ支援懐疑派が多い下院の動きである。新しく下院議長となったジョンソンは二〇二三年一〇月の就任当初はイスラエル支援には積極的だが、ウクライナへの支援については否定的だった。ジョンソン議長のもと下院独自法案としてイスラエル支援の法案は下院では通過したが、民主党が多数派を占める上院ではその法案の審議は全く進まなかった。

結局二〇二四年四月後半に久しぶりの予算措置が可能となった。総額九五三億ドルあまり（約一四兆七〇〇〇億円）。ウクライナへの支援に約六〇八億ドル、イスラエルに約二六三億ドル、台湾などインド太平洋地域に約八一億ドルとなっている。ウクライナ支援を含んだバイデン案を通す条件として、トランプ氏にとってみれば、「ウクライナを負けさせた男」という汚名を避けるように対応した。

（5）外交スタイルの変化

外交交渉そのものに重きを置いている点もバイデン外交の特徴である。外交スタイルもかつてのものに戻りつつある。専門家によるチームに交渉を委ねて外交を動かす、つまり事務方のボトムアップ重視に戻った。トランプ時代のようにトップが当日決めるのではなく、実務者たちが積み上げてきた交渉が形になるという従来のオバマ政権時のスタイルに戻ったことを意味する。

その分、実務者同士のプロセスで、緻密な外交交渉が進む。日米首脳会談の議論も、二〇二四年三月の日米外務・防衛担当閣僚協議（2プラス2）の延長線だった。共同文書に盛り込まれた「台湾海峡の平和と安定の重要性」「両岸（中台）問題の平和的解決」などの言葉も、中国をけん制しながらも過度に刺激しないために何度も検討した知恵が反映されているといえる。

（6）世論の重視という継続性

そもそも国内の分極化はバイデン政権でも全く変わっていない。第一一七議会（二〇二一年一月から二〇二三年一月）では民主党が上下両院で多数派とはなっていても、上院は五〇対五〇（法案投票で同数となった場合には、上院議長であるハリス副大統領が票を投じるため、多数派は民主党となる）、下院の共和党との議席の差は一〇以下であり、実質的には分割政府に近かった。第一一八議会は共和党が下院で多数派を奪還したため、再び分割政府となり、法案がなかなか動きにくい。

分極化の時代のなか、内政でも外交でも世論を重視する姿勢が顕著であるというのは、トランプ政権からバイデン政権に受け継がれている。バイデン政権が掲げている「ミドルクラスのための外交」という一大スローガンは、アメリカの国民の声を反映した外交を行う姿勢を示したものだ。

(7) 中国への圧力政策の堅持

さらに、中国との関係を競争・対決を軸に組み立てており、その点もトランプ政権からの継続性があるといえる。バイデン政権になっても中国への圧力政策の堅持は変わらない。バイデン政権は二〇二一年三月はじめ、「国家安全保障戦略」の策定に向けた指針の中で、「経済、外交、軍事、先端技術の力を組み合わせ、安定的で開かれた国際システムに対抗しうる唯一の競争相手だ」として中国を最大のライバルであるとの見方を示している。

指針を説明したブリンケン国務長官は二〇二一年一月に行われた自らの上院外交委員会の指名承認公聴会で、「中国に対して強硬姿勢を取った点では、トランプ大統領は正しかった」「トランプが多くの分野で採用した手法には全く同意できないが、原理原則は正しかったし、わが国の外交政策に有益だった」と発言している。このように中国の力による現状変更に対する強い警戒感はバイデン政権も共有している。

バイデン政権は「新冷戦」という言葉を使おうとしない。これは中国に対する過度な刺激を避けたいという意図がまずあるのだろう。ただ、米中の直接的な軍事衝突の可能性も局地的には視野に入りつつあり、「熱い戦争」になってしまいかねないほど、中国の軍拡が目立っている。

アメリカ国民の対中意識は近年、かなり悪化している。中国に対する厳しい見方はアメリカ国民の間でも広く共有されている。トランプ政権が顕在化させた中国の安全保障、貿易上の脅威に加え、中国のコロナ対応についての疑念が強まった結果であろう。バイデン政権にとって、中国に対する厳しい姿勢を貫くことは「ミドルクラスのための外交」を実現させることにほかならない。

(8) 自由貿易をめぐって

さらに各種世論調査の結果を眺めると、中国との貿易戦争も今後大きな変化が想像される。自由貿易といえばかつては共和党支持者の一丁目一番地といえるようなものだったが、例えばシカゴ外交評議会の二〇二〇年七月の調査によると、中国からの輸入品に対する関税の引き上げに対して賛成するのは、共和党支持者が七六%だったが、民主党支持者は三九%と半分程度だった(9)。さらに中国に限らず、「自由貿易・グローバル化を支持する」のは共和党支持者が五〇%にとどまっていたのに対し、民主党支持者は七五%になっている(10)。

それでも、自由貿易への即座の復帰を目指しているわけではないところには注目したい。多くのアメリカ企業の雇用や工場を国内に引き戻し、製造業で何百万人もの雇用を創出していくために、バイデン政権は政府によるアメリカ製品の購入やアメリカ内に工場を戻した企業に対する税制優遇などを進めていくとした。

政治的分極化と外交政策、国際秩序への影響

ここまで、アメリカの国際秩序形成の揺らぎとその再生の可能性を論じてきた。バイデン政権ではアメリカの国際秩序形成の復活とみえる動きも目立っている。しかし、バイデン政権でも「アメリカ・ファー

スト」的なベクトルは強く、トランプ政権時代からの継続的な要素も政策の中に反映されている。ただしアメリカが国際秩序形成を先導した時代への回帰にはほど遠い。

その背景にあるのが第3章で論じた政治的分極化の影響である。バイデン外交を「現実的」とみる民主党支持者が少なくないのに対して、共和党支持者の多くは「弱腰」とみる。両者の間の共通理解は極めて少ない。分極化を背景に、議会や世論が大きく分かれ、バイデン政権の足を引っ張る形となっている。

対イランについては、バイデン政権側は核開発を強くけん制しながら、実現は難しいもののイランとの核合意を目指す姿勢は変わらない。共和党議会の方ではイランに対する強い不信感があり、実際に核合意が議会で論じられるようになった場合、オバマ政権が二〇一五年にイラン核合意を結んだとき以上の議会からの反発が予想される。そもそもバイデン政権がイランに核合意に戻るよう説得できたとしても議会は許さない可能性の方が強い。

バイデン政権と共和党の間で特に大きな差があるのが、何といっても第8章で取り上げている気候変動対策であろう。二〇二四年選挙を前に、共和党側は「反ＥＳＧ投資」を主張の前面に出しており、気候変動対策に熱心なバイデン政権とは大きく異なる。ＥＳＧもＳＤＧｓも「リベラル派の政策」という位置づけであり、ＥＳＧやＳＤＧｓについては保守派が強く反対している。そもそもこの言葉は「リベラル派のスローガン」とみなされており、全米的には知名度は極めて低い。国全体としてＳＤＧｓを推進している日本とは大きな差がある。共和党側は今後、これまでバイデン政権が行ってきた気候変動政策を大きくひっくり返そうとする可能性もあり、アメリカのリーダーとしての立場は岐路に立っている。

（1）上院議員の総数一〇〇人のうち、共和党で五十数人いたとしても、五人ほどは離反する可能性は常にある。

（2）上院一〇〇人のうち、六〇議席を確保していなければ、フィリバスターを行う少数派を止めること（クローチャー）はできない。

（3）https://www.census.gov/newsroom/press-releases/2021/2020-census-apportionment-results.html（二〇二一年四月三〇日にアクセス）

（4）朝日新聞の峯村健司記者（当時）のスクープ。沖縄や台湾、フィリピンなどを結ぶ「第一列島線」内の中国軍の進出を阻止するための戦略も盛り込まれており、台湾や沖縄の尖閣諸島を含めた「第一列島線」内を米軍が防衛することを明記している。https://www.asahi.com/articles/ASP1D7K5MP1DULZU00X.html（二〇二一年四月一〇日にアクセス）

（5）https://2017-2021.state.gov/secretary-pompeo-to-deliver-a-speech-at-the-richard-nixon-presidential-library/index.html（二〇二一年四月一〇日にアクセス）

（6）https://www.state.gov/dipnote-u-s-department-of-state-official-blog/america-is-back-president-biden-outlines-his-vision-for-u-s-foreign-policy/（二〇二一年四月二〇日にアクセス）

（7）https://www.whitehouse.gov/briefing-room/statements-releases/2021/05/03/statement-by-president-joe-biden-on-refugee-admissions/（二〇二一年五月四日にアクセス）

（8）https://www.cfr.org/article/how-much-aid-has-us-sent-ukraine-here-are-six-charts（二〇二四年六月二日にアクセス）

（9）https://www.thechicagocouncil.org/sites/default/files/2020-12/report_2020ccs_americadivided_0.pdf（二〇二四年六月二日にアクセス）四、および三〇ページ。

（10）同　三五ページ。
自由貿易についての実際の質問文は次の通り。「グローバル化、特にアメリカの経済が世界中の国々とつながりを強めていることは、アメリカにとってほとんどよいことだと思いますか、それともほとんど悪いことだと思いますか？」

第Ⅱ部

アメリカはどこに向かっているのか？

西山隆行

前嶋和弘

渡辺将人

現在のアメリカをどう位置づけるか？

西山　アメリカの大統領選挙、連邦議会選挙については、日本でも頻繁に報道されます。読者の多くも、毎回の選挙のゆくえについては強い関心を持っておられることでしょう。われわれ研究者にとっては、選挙の結果予測も興味深いですが、それと同時に、あるいはそれ以上に、選挙をきっかけとして明らかになるアメリカの政治・社会の現状や変化が興味を惹かれます。あるいは、選挙自体によって、変化がもたらされる面もあるでしょう。本日の鼎談では、序論、ならびに第一部の内容も踏まえつつ、現在のアメリカをどのように理解すればよいのか、現在はどのような時だと思えばよいのか、という問題について、考えていきたいと思います。

前嶋　アメリカとは何か――。アメリカはどこに向いているのか――。やはりわれわれ日本人の近代の歴史は、アメリカとの格闘の歴史だと思うんですよね。それは「たった四盃で夜も寝られず」だったペリーのころからずっと続いている。

ＮＨＫの朝ドラを私は好きでいつも見ていますが、アメリカが影のテーマになっていることも少なくありません。例えば今ちょうどやっている『虎に翼』の前半はまさに典型例です。主人公は戦前に女性初の弁護士になり、一度は仕事を辞めたけれど、ＧＨＱと一緒に働くところから戦後がスタートする。そこで新しい民法策定にかかわり、その後はアメリカをモデルにした家庭裁判所の判事になっていく。日本の不自由さをアメリカのリベラルな理念が変えていく。

このドラマがそうですが、アメリカというのは、自由であり平等であり、夢であり愛であり、というのがもっと上の世代の見方です。憧れの存在であって、常なる改革が平等、そして夢をもたらしてくれるんだというイメージがあった。

でも、私たちの世代ではもう「アメリカの夢」はかなり限られていました。研究者として私がアメリカのことを研究しようと思ったきっかけは一九八八年の大統領選挙でした。当時分極化以前でしたから分断という今のアメリカ政治の一大テーマはまだ存在しませんでしたが、それでもさまざまな問題があると気づかされました。当時の候補は民主党がデュカキスで、共和党はブッシュ(四一代大統領)でしたが、ブッシュ陣営は後にFOXニュースを作っていく人たちが中心だったので、とてもひどいネガティブCMを続けざまに投入します。大学生でまだ十分な知識がなかった私ですが、そのひどさに怒りを持ってアメリカ政治を見ていました。「この怒りは何なのだろう」「これで民主主義ってどうやって成立するのか」「アメリカの政治はどのように動くのか」などといったところから、アメリカ政治への興味が深まっていきました。

そして、特にこの二〇年間のアメリカでは政治的分極化が進んでいった。アメリカはもはやわれわれにとって、到底理想とはいえるような存在ではなくなっていますが、それでも変革するエネルギーは今でもアメリカの中にある。例えば性的マイノリティや同性婚などは、アメリカがリーダーとして世界を変えていった平等の理念の中に包摂される。

二〇〇四年にマサチューセッツ州が同性婚を認めて以降、アメリカの世論が大きく変わり続けていきました。一方で分極化の時代なので、その変革のエネルギーを「キャンセルカルチャーだ」と吐き捨てていく動きも目立っています。作用と反作用です。昔の憧れのアメリカがだいぶ変質しているけれど、まだだいぶ残るもの、夢が残るものが、今回のこの本の中でも垣間見えているのではないかと思います。

渡辺　前嶋先生がおっしゃったことを私なりに再解釈すると、アメリカの例外的価値と、アメリカの中での歴史的、経年的な時系列上の過去に比べた劣化というものがあって、それぞれを別に考えることが必要だと思います。

経年で見ると、確かに昔に比べたら理想のアメリカから随分色あせた部分があるのかもしれません。他方で、ジャーナリズムなどの報道の自由へのこだわり、それから草の根からうねりを作る保守・リベラル双方の政治運動には、アメリカの興味深い特徴があります。銃犯罪、人種差別など個別の問題は言うまでもなく山積みです。ただ、アメリカが過度に理想化されなんでも優れていると考えていたからこそ、アメリカ本来の固有の強さもかえって可視化できていなかったのかもしれません。アメリカの民主主義が完全終了したわけではなく、何がかつてに比べて弱って、何がなかなかしぶとい価値なのか見極める目線も必要かもしれません。こだわりの筆頭格は憲法修正第一条の表現の自由で、とにかく超党派でここは聖域です。メディアの発達にくわえてたまたま英語が世界的な言語ですから、どんな田舎町の銃撃事件でもアメリカのことは大きく伝わる。情報的に質量ともに世界からはアメリカが透明化されて、いい部分も悪い部分も見える構造はあります。政府が国益と国家イメージのために情報を管理しようにもできない。農村でもどこでも外国人がふらりと取材に来ても、みなオンレコで答える。医療保険制度も杜撰だし、イラク戦争のアブグレイブ収容所の虐待もあったけれど、例えば反米的な言説も厭わないマイケル・ムーア監督もアメリカ人です。ウォーターゲート事件に遡るまでもなく、アメリカのジャーナリズムの自国政府批判を私たちは拡散する。過激な言論もあれば、その言論を過激だと咎める言論もあって、その権利をなるべく認めようと努める。内部での政府批判が難しい社会、とくにネット時代、報道も困難で内部で起きていることが外にわかりにくい社会、英語世界には環流してこないローカル言語の社会と同じ物差しで見てしまうと、現実のアメリカを見失うこともあります。世界中の人がいまだにアメリカを目指す高等教育と学術研究の大学。スタートアップのダイナミズムとか衰えない移民希望者。それと現代の多くの権利獲得運動は、前嶋先生が指摘されたようにアメリカから生まれたものです。よく壮大な実験と言いますが、あそこまで激しく多様な存在がかつての恩讐も感じながら共生する空間で、かつて奴隷だった人たちがホワイトハウスの主になるまで、人種隔離から公民権運動があって、元々の状態から進化した跳躍の飛距離や社会変動のダイナミズムを考えると、アメリカに例外的な価値を見出すことも理解できます。

中道の喪失？

渡辺　ただ、中国が台頭し、世界情勢が変化するなかで、アメリカの捉え方も変わってきていると思います。私が思う転換点は、やはり九・一一テロ事件とイラク戦争の時期です。もっと言うと、フロリダ州での票の再集計騒動が起きた二〇〇〇年大統領選挙に遡る必要があると思います。今日問題になっている「中道の喪失」は、共和党側では九・一一とイラク戦争を推し進めた党内の保守強硬派とネオコンが進めた戦争がやはり間違っていたということで中道が退潮していった帰結です。財政保守派とキリスト教保守派の発言力が増していった。トランプ自体が原因ではない二〇年の歴史がある。

逆に、民主党側は、パールハーバー以外攻撃を受けたことがない国で九・一一でのっぴきならない攻撃があって、ある種の戦時結束の集団的な空気が生まれた。先住民との戦いや南北戦争の内戦はあれども戦場化の経験が本土にはない。狙われたのはニューヨークというアメリカの文化的なシンボル都市です。民主党の政治家でも、テロに関して甘いことが言えない空気の中でイラク戦争に対する準備が進み、中道の主要政治家は賛成することになった。イラク戦争は決して共和党ブッシュ政権の独断の戦争ではない。民主党議会重鎮にも責任がある戦争です。二〇〇八年大統領選挙でオバマ以外の主要な候補者は、バイデンにしてもヒラリーにしても、誰もがイラク戦争に賛成した。イラク戦争が党内の踏み絵になって、二〇〇六年の中間選挙の民主党勝利後に、左派の全国委員会委員長が誕生し、左派の人権派であるナンシー・ペローシが下院議長になった。オバマは国家安全保障に責任がない地方議員だったので戦争に賛成しないで済んだ。それで大統領候補に担がれた。共和党とは異なる形でイラク戦争が中道の力を殺しました。

ウォール街占拠運動、2011 年（撮影：前嶋和弘）

エスタブリッシュメントに対する草の根の反発という動きも、左右の両側に起こりました。二〇〇八年にリーマンショックから始まった金融危機の問題で公的資金を注入するTARPに共和党の財政保守派が反対し、ロン・ポールらの原理的リバタリアンがマケインの落選運動をやるティーパーティ運動の前身が生まれました。それに二〇一〇年以降、社会的保守や、反自由貿易的な人が加わってTPP反対運動につながります。民主党側は、二〇一一年のウォール街占拠運動が大きな意味を持っています。当時、オレゴンに学会報告に行った時に、前嶋先生とウォール街占拠運動の活動家の「アジト」を視察に訪れました。この運動に関わっていた人たちが同じ運動の手法でウォーレンとサンダースの運動に入っていきました。反エスタブリッシュメント的な動力に黒人やＬＧＢＴＱが合流して、ブラック・ライブズ・マター運動が台頭してくる。これらの流れがあって、共和党側ではトランプが台頭し、民主党側ではサンダース的なヒーローが支持を得るようになりました。

九・一一、イラク戦争以降の二大政党政治での中道の喪失に関しては、私は、必ずしも経済的な論争で小さい政府か大きい政府か、大企業寄りがいいか労働者寄りがいいかという議論に決着がついたとは考えていません。純粋にイラク戦争という外部要因があり、それに対する賛否や責任論で中道派が双方で失速してしまった。結局民主党も、ビル・クリントン的な中道の第三の道が経済的にいいか悪いかには決着がつかないまま、ウォーレン的な保護貿易的で金融規制を重視する左派ポピュリストが台頭し、共和党側もトランプはインフラ投資と減税を同時に唱えていて支離滅裂なわけです。小さな政府がいいか、大きな政府がいいかということに財政論として判断が下されたわけではなく、イラク戦争に象徴される対外関与へのトラウマ、社会的、文化的要因で分断してきた。

前嶋　今のお話のなかでやはり中道が抜けたきっかけとして、渡辺先生が指摘されたことにもう一つ付け加えるとすると、外交的な面では、アメリカ独り勝ちの世界がちょうどポスト冷戦の時代でした。私も一九九四年から二〇〇二年までアメリカにいて、途中から働いてもいたのですが、ビル・クリントン政権が終わった二〇〇一年一月二〇日の段階でアメリカは黒字でした。だから、「あなたは税金払いすぎだ」ということで一カ月分の給料ほどのお金がかなり後に戻ってきた。それぐらい豊かだったのに、テロとの戦いがあり、アフガニスタン、イラク戦争以降は、大赤字になっていく。

そして、その二〇〇一年にアメリカが頑張って中国をＷＴＯに加盟させました。二〇〇〇年にＰＮＴＲ

（恒常的通常貿易関係）、ＭＦＮ（最恵国待遇）を恒久化するという法案をきっかけに、それを使って中国を入れさせたのです。要するに、中国を自由経済圏に入れたら世界が繁栄する、中国の共産党のシステムも変わってくるであろうとアメリカは踏んでいました。

しかし、中国、インドの経済が台頭する一方で、アメリカの中間層の雇用は海外に出てしまいました。アメリカ全体としては、例えば金融マネージメントや金融工学で、特に富裕層はどんどん豊かになっています。しかし、ジニ係数はどんどん悪化しています。この二〇年間、不満が出るのは当たり前です。さらに二〇〇〇年から二〇一〇年の一〇年間はアメリカの歴史の中で最も移民が多かった一〇年間でした。黒字が赤字になるし、中間層は没落するし、豊かな層はさらに豊かになるのだけど、社会の中の不満はものすごく高まってしまいました。

外を見ると、中国がいつの間にか軍拡していて、法を破る動きなど現状変更を勝手にやっている。さらに、この二〇年間にソーシャルメディアという面倒くさいものが出現し、社会を、人をつなぐのではなく、人をどんどん分断させていくということになっていった。中道の喪失というのは、この二〇年間のさまざまなことが全部そこにつながり、アメリカにとっては不幸な感じだと思うんですね。

社会的コンセンサスと国家のアイデンティティ・クライシス

西山　渡辺さんがおっしゃった中道の喪失は、すごく重要な問題だと思います。それは、社会におけるコンセンサスの喪失と密接に関わっているところがあって、その理由を考えることが重要だと思います。

アメリカは、建国当初は入植者、その後は移民がたくさんやってきた国なので、元々多元的な国でした。

しかし、独立宣言や合衆国憲法がマグネットになるとともに、経済繁栄とそれが可能にしたアメリカンドリームを基にして、信条や経済の次元で一つの国としてまとまっていったように思います。ただ、最近ではそのようなコンセンサスの核になるものがなくなりつつあります。今日のアメリカは、一昔前とイメージが違っています。人口動態が変わっていることに加えて、経済的な格差が大きくなっているため、一体感を持ちにくくなっているように思います。

それ以外にも、個人や集団の重要性が強調されて、国家が意識されにくくなっているようにも思います。例えば、小さな政府という価値を強調するリバタリアンの中には個人的なところにフォーカスして、公共のことには重きを置かない人がいます。左側の方の人たちは、アイデンティティという形で個人的なところか、あるいは多文化主義論者のように集団にフォーカスして国全体としての統合は必ずしも意識していない場合もあります。多文化主義はオーストラリアやカナダでは国是になっていますが、アメリカでは国に分断をもたらす議論だと考えられる場合すらあります。その意味では、60年代の後半ぐらいに起源があると言えるのかもしれません。

最近、私が最も危惧を抱いているのは、民主主義という基本的な体制、原理に対する疑念が強くなっていることです。先ほど渡辺さんが二〇〇〇年大統領選のフロリダの票の再集計の話をされました。私はあの時アメリカに留学していて間近で見ていたのですが、あれだけ揉めたけれども、最高裁が判決を出したらそれに従おうということで、ゴアの支持者は納得したのです。でも今なら、絶対にそんな感じで収まるとは思えません。法の支配は民主政治の基礎だと思いますが、それらについてコンセンサスがかつてはありました。しかし今では、トランプ派議員の中には、選挙の結果を、自分が勝ったら受け入れるが負けたら受け入れないと言う人がいます。選挙管理をする人たちに疑念を示す人もいます。アメリカの投票所は結構ボランティアが運営しているので、必ずしもきちんとしておらず、批判しようと思えば昔からできたのですが、そういうものだと思われてきた。前提とされていたようなさまざまなものに疑念を抱き、ありとあらゆるものに喧嘩を売る現象が起きています。

もう一つ気になるのは、最近の世論調査などで、民主党支持者も共和党支持者も、それぞれの対立候補を民主主義にとっての脅威だととらえていることです。民主党支持者はトランプを、共和党支持者はバイデンを民主主義にとっての脅威だと言っていたのです。日本では、共和党支持者がなぜバイデンを民主主義の脅威と捉えるのか聞かれることがありますが、不法移民に不正投票させているんじゃないかとか、バイデンの背後には社会主義者がいて、民主主義を滅ぼそうとしてるんじゃないかとか考えている人がいるのです。

中道がなくなり、コンセンサスがなくなり、国がバラバラになっているのをまとめてほしいと、強いリーダーが求められる状況が生まれているのだと思います。

前嶋　西山先生がご指摘になった、国家の理念でなく個人の思想、集団の思想、いわゆる「アイデンティティ政治」が台頭して、アメリカ全体の民主主義という理念が揺らいでいるのには、歴史的なところと政治文化のところに原因があると思います。

歴史的なところは、第二次大戦以降のアメリカの立ち位置の点に戻ります。第二次大戦後、非常に豊かでかつてない超大国であるアメリカが平等の理念の下、国連とかＩＭＦとか世銀を使って世界の貧困や独裁政権を減らし、平等で民主主義的な世界を作っていった。ナチス・ドイツの時代を見ると、ドイツは賠償金を支払わないといけなかったから、ナチス・ドイツが生み出されたのだ。そんな時代に戻ってはいけない、と自由貿易でどんどん世界を豊かにすることを考えていました。

しかし、そのアメリカは自国の五〇年代、六〇年代の状況を見たら、全然平等とは言える状況ではなかった。これを是正するために、公民権運動や女性の権利、妊娠中絶の話など、平等を重視するリベラルの理念は、第二次大戦の前、世界恐慌後ぐらいから強くなっていった。リベラル派優位の時代が続くことになります。

もちろん、当時の民主党には、南部には保守勢力もあるんですが、基本的にはリベラル派がどんどん大きくなった。一九九四年の中間選挙まで四八年間、ずっと下院は民主党が多数派でした。時には民主党は下院の四三五議席の中で三〇〇ぐらい取っていたりした。今の「分極化＋僅差」の時代からは信じられないような時代でした。

今は時代が大きく変わりました。「小さな政府」の観念からむしろ「政府が人々を平等にしていこうという発想こそが間違いなのだ」という動きが一九八〇年代前くらいから大きくなってきた。日本では「新自由主義」という言葉になりますが、レーガンの「政治が解決策を出すなんておこがましい。政府こそ問題の巣窟なのだ」と言ったあの考え方です。「Ｆワード」ならぬ「Ｗワード」(「ウェルフェア＝福祉」)は政治の中での禁句になっていきます。「Ｗワード」という言葉は先ほどの一九八八年の大統領選挙くらいから共和党が使うようになっていきます。その流れで、昔なら「平等」を促進することが、「アイデンティティ・ポリティクスはいかん」っていう話になってきた。国家を貫くようなみんなの理想が揺らいでしまったのです。

選挙手法と分断の時代

前嶋　もう一つ、政治の文化の変化では、やはり分極化現象にふれざるを得ない。アメリカの一般教書演説だと「ユニオン・イズ・ストロング」という表現が使われます。「われわれアメリカ合衆国の現状は一つに団結していて強いんだ」という。最近の大統領もこの言葉を慣例的に使っています。でも、その「ユニオン」が示す意味が変わってしまい、実際には「二つのユニオン」「二つの民主主義」になってきた。

分極化には、選挙手法や議会運営が大きく変わったことが関わっています。

先ほどふれた一九九四年の四八年ぶりの共和党の下院多数派の奪還ですが、その立役者だったギングリッチ的な政治手法は今に続く大きな問題があります。敵を「悪」と捉えて、全部潰していく手法は、当時のアメリカ政治の中ではタブーでした。真ん中に行くことが勝つための方程式でした。ダウンズの合理的選択理論では、一番大きな真ん中がアメリカの大きなボリュームゾーンだとされていました。それが大きく変わり、真ん中が欠けてしまい、左右両極が大きくなっていって、その部分を採るため相手を悪魔化していきます。ギングリッチは選挙だけでなく、議会運営でも年齢を無視して、当選回数などは無視して主要委員会の委員長に自分の子飼いのような人物ばかり任命しました。

下院の方はどんどん民主党側を悪魔化するような法案はまとまるのだけど、上院の方で止まってしまう。結局、ギングリッチ的な手法には限界があった。しかし、それでも選挙手法、議会運営の手法は九〇年代に大きく変わった。その背景には、選挙産業の台頭がありまし、議員のような政治エリートの分断がまずあり、そしてアメリカ世論の分断も進み、今日に至っています。それで結局、「一つのアメリカ」ではなくて「二つのアメリカ」になってしまったのです。

渡辺　望むべきデモクラシーの理想像をめぐる迷走みたいな部分があると思います。お国柄というか政治風土の問題です。民主主義と言った時に何を重視しますか、と尋ねれば、国によっては法案が通りやすいとか、決められる政治がいいとか、政権の安定性や政策の継続性などが好まれるでしょうが、表現の自由に強いこだわりがあるアメリカでは民意の直接反映、つまり政党幹部に候補者を決めさせない予備選挙制度がそうですし、それがよいことだという前提でした。それによってトランプが生まれてくるわけです。

イデオロギー的に反対側のことを反対側が批判していて、銃を持つ権利も人権も根底の哲学は似ていて、それがアイデンティティ・ポリティクスになっていき、あるいはトランプやサンダースを応援しようという動力にもなる。うまく作用／回転しているうちは、アメリカの民主主義の価値だったと思います。予備選挙の制度にしても、西山先生が指摘された法の支配というか、制度に対する信頼度は曲がり角に来ている。日本の感覚からすると、裁判所は中立の印象がありますが、司法すらもアメリカでは党派的です。

前嶋先生ご指摘のテクノロジーの変化はすごく大きく、政治の景色を変えてしまいました。もちろん、メディア全体の変化もあるのですが、フィルターバブル、エコーチェンバー、要するに同じようなものを見たり、感覚を持つ人たちが閉じこもる効果がある一方で、ＳＮＳで何かの拍子に極端なもの、現実のコミュニティでは会わないタイプの人も目に入るようになり嫌悪感はかえって増大している。

アメリカは地理的に分断されていて、農村と都市部、例えば西海岸のサンフランシスコとテキサスとでは、住民の平均も違います。黒人をテレビや映画でしか見たことがない白人は普通です。私がシカゴの前に留学していたミネソタ大学の分校は先住民居留地が近くにあってクラスメートも先住民と白人スカンディナビア系でした。クラス履修の傍ら田舎のラジオ局でも働いていたんですが、初めて会うアジア人として取材先で珍しがられました。

そういう感覚は、生身の触れ合いとしてはこの二〇年でも基本的には変わっていませんが、テクノロジー、ソーシャルメディアは激変しました。マスメディアには自主規制を含む編集があります。デモもすべては放送されない。しかし、SNSには現場の断片がそのまま溢れるわけです。最近もエモリー大学のイスラエル攻撃への反対デモで警官が引きずり倒した女性が、「私はプロフェッサーだ」と言う映像が流れましたが、教授だから触れるなという特権意識か、と罵られた一方、教授にまで乱暴するなんて警官は乱暴だ、というコメントに表れた反応は正反対でした。西山先生のご専門ですけれど、警官に対する見方ほどアメリカほど分断しているものはない。

SNSでこそアメリカの分断が可視化されます。コメントがついて増幅され、それが切り抜きで拡散する。これは以前はなかった現象です。トランプ支持者への印象も固定化されるし、逆にデモをやっている学生の印象、警察への印象も英雄か悪玉か刻印されていく。

アメリカの歴史の流れを前嶋先生がおさらいしてくださいましたが、顕著な傾向は、良くも悪くもアメリカが特別な国だということへの自覚の薄れだと思います。イラク戦争のトラウマはアメリカ人が自覚している以上に大きいです。ベトナム戦争の混乱も大きなショックでしたが、当時はまだ冷戦に粘り勝つ必要性が共有されていました。レーガン期までは、好むと好まざるとにかかわらず、アメリカの責任意識があった。

しかし、今は果たすべき責任のようなものを認めない傾向があります。トランプが台頭してワシントンの外交エリートが力を失い、草の根の衝動的な感情が外交政策に持ち込まれた。有権者が育たないと、アメリカ的なオープンな党員集会や予備選挙の制度は、むき出しの民意主義になります。アメリカの美点でもあり、実は諸刃の剣だった制度が部分的に悪い方向に転んでいる。新しい冷戦をバイデン政権やアメリカの外交パワーエリートは中国に設定しようとしている部分もありますが、若年層の意識はそうはなっていません。東西冷戦があって、すべてが強かったアメリカは、世界に対して寛大に、時には力強い存在でしたが、アメリカに対抗する別の覇権的な力が台頭し、しかもその新たな覇権的存在がロシアのような白人国家ではなくアジア人で、アメリカ国内の移民社会との関係で複雑な地続きの問題も生んでいる。移民社会を介した情報戦です。左右両方の内向き傾向から、民主主義が挑戦を受けているということだと思います。

一方、アメリカには極端なもの同士がけん制し合うカウンターの実効力もあって、前嶋先生のご著書にあるような「キャンセルカルチャー」が吹き荒れながら、言論の自由へのリバタリアン的なパワーも根強い。拮抗の力です。日本のようにリバタリアン的な気質が希薄な秩序を優先する社会にポリコレだけが突出して持ち込まれると、キャンセルカルチャーだけが増幅する傾向もあるかもしれません。要は、社会風土です。極端に極端で対抗するか、極端を取り締まるかの方向性の違いですが、アメリカはファクトチェックも保守・リベラル双方の偏向批判なので。

アメリカの場合は良くも悪くもそこの部分がある種の拮抗力によって分断も生みますが、全体としては多様な極端が併存する自由は守りたいという、逆説的な部分があったりします。

秩序の問題

西山　渡辺さんがアメリカには国民の直接的な熱意が反映される仕組みがあるという話をされましたけど、私は、アメリカ国民の間で秩序というものがどう考えられているのかなというのを昔から疑問に思っています。学生時代に政治学の授業でロバート・ダールの『ポリアーキー』の議論を聞いた時に驚いた覚えがあります。単純化していえば、政治参加・包摂と公的異議申し立て・自由化という二つの要素がともに発展したら民主政治だという話なんですが、政治参加して意義申し立てして大丈夫なの？　というのが私の素朴な疑問でした。ある程度の秩序が存在しない限り、異議申し立てを自由に認めてしまえば、社会が混乱します。民主政治も統治体制の一つである以上は、秩序を維持する仕組みを第一に考えるべきではないかと思ったのですが、そういう発想はあまりアメリカにはないのか？　秩序は自ずと生まれていくと想定しているのか？　と疑問に思ったのです。

実際、アメリカでは建国期には連邦レベルでは警察を制度化していないのです。私は警察の歴史の論文を書いたこともありますが、アメリカにおける秩序のとらえ方や警察のあり方は、地域によって異なります。建国期から自治体警察が秩序維持の基盤とされましたが、東部では、フランスで王が国内の反対派を抑えるために警察を使ったことの反省から、警察も民主的に統制しなければならないといって、警察も猟官制の対象にしてしまいます。ニューヨーク市では選挙で勝った市長が、警察官を一気に一万人クビにして一万人を新たに雇うわけです。そんな感じで秩序が維持・形成できると考えられてきたのです。

もちろん一九世紀の末から二〇世紀の頭にかけて、ＫＫＫやマフィアが出てきて、さすがにこれではまずいということで、連邦捜査局（ＦＢＩ）の前身になるようなものができました。また、東部とは違って南部では奴隷の逃亡を防ぐために自警団的なものも含めて秩序維持方法をきわめて強化していました。ただ、どの地域でも、警察の活動が日本のように官僚制的に十分に統制されているわけではないという傾向が、今でも続いているように思えるのです。

アメリカでは、白人警官による黒人男性の殺害をきっかけに、ＢＬＭ運動が再燃しましたが、その流れの中で警察予算剥奪論が提起されました。その背景にアメリカ特有の秩序に対する考え方があるのかもしれません。

前嶋　今の秩序の話ですが、私も学生時代の一九八〇年代にポリアーキー論に強い違和感を覚えました。ダールが住んでいたニューヘイブンのイェール大学だったら成り立つかもしれません。例えば黒人を知らない、アジア系を見たことがない地域、特に南部で今ならＢＬＭ運動をどう取り扱うか。自分が考えている秩序と違うものが起こって、大混乱になっている。それがソーシャルメディアで飛んでくる。社会的秩序ってなんだろうという問題になっていると思います。

古典的なところに戻りますが、トクヴィルだったら「民主的な習俗（democratic mores）」があるという話になるのですが、果たして今の時代、ニューヘイブンの民主的習俗と、テキサス州ウェイコの民主的習俗は違うのに、それがソーシャルメディアで同じように飛んでくるから、ややこしくなります。トクヴィルの一八三〇年だったら、その宗族の中心にはキリスト教や、人々のネットワーク、アソシエーションという紐帯があるとされました。ネットワークはまだあるかもしれないけど薄くなっていくというのがパットナムの『孤独なボウリング』ですよね。政治的有効性感覚も下がってしまうし、今の段階では、人々は連帯しない、アソシエーションもない。キリスト教信仰は中西部や南部では明らかにある。今はもちろん自分をクリスチャンだと言わない人も増えているけれど、心の中の宗教意識は強く残っている。ただ、「同性婚などもってのほか」「妊娠中絶なんか許さん」と思っている福音派的な宗教的感覚を例えばニューヨークに持ってきたら、とんでもない差別になる。

同じ政治文化の情報を異なる地域で取り扱わなければいけなくなっていて、社会がだいぶ混乱している。そこがポリアーキー的なものが成り立たなくなっていった今のアメリカではないかなと思います。

「ラジコン政党」と第三の党

渡辺　冒頭で申し上げた二〇〇〇年のゴアとブッシュの再集計騒ぎの時に起きた、その後に影響を与えた現象に、第三運動ではやはり勝ち目がないということが本格的に認識されたことがあります。ラルフ・ネーダーという消費者活動家がかなりの票を、特にゴアから奪ってしまって、ネーダーがブッシュ政権を産んだと根にもつ民主党支持者もいます。リベラル左派も学び、第三勢力、サンダースなど本来民主党にすら当てはまらないような極端な党外的なレフトが民主党の中に入って、民主党を左傾化させる方が現実的だと覚醒した。ペローとかラルフ・ネーダー的な第三の候補は、その後もジル・スタインなどが出ていますが、政党の中に入り込んで政党を変えることを目指すようになりました。その帰結が今のバイデン・ホワイトハウスだと思います。

私はこれをリモコンで操作される「ラジコン政権」と呼んでいます。二〇二〇年民主党予備選で中道が細ってバイデンが瀕死の状態のところに、ウォーレンとサンダースが快進撃で本当に指名を取りかけた。バイデン陣営は最終段階でサンダース陣営と手打ちをしました。しないとサンダース支持者の若者に「バイデンを支持するのをやめろ、あいつはプログレッシブ・イナフじゃない」と落選運動、棄権運動をされかねなかった。第三候補化をしてほしくなければ受け入れろ、と綱領作成で条件取引をしました。女性でマイノリティの副大統領候補を指名し、気候変動で高い目標を設定し、リベラルのアジェンダを全部飲ませるわけです。バイデンチームはそれを飲み、勝利して以降も後ろから銃を突きつけられるような形で政権運営を強いられた。自我のある政治家としては中道外交のバイデンはその時点で終わったとも言えます。バイデン政権は左派がラジコン操作するサンダース代弁政権でした。

大統領選挙で民主党指名を目指したバーニー・サンダース、2015年（撮影：渡辺将人）

私はサンダースとは十年の縁があります。全国運動を初期から日本に伝えてきました（拙著『アメリカ政治の壁』）。彼は民主党左派のさらに外にいる党外人でしたが、「反ヒラリー」運動に「ウォール街を占拠せよ」運動が合流する形で民主党予備選に挑戦する支持者運動が起き、私も二〇一五年夏のキャラバンに参加しました。アイオワシティでは事務所開きに居合わせた唯一の外国人でした。だからこそ分かるのですが、サンダース周辺は二〇一六年までは本気で大統領を目指していました。

ところがヒラリー潰しに邁進した結果、トランプ政権誕生を間接的に助けてしまった。その反省から本選で民主党を勝たせた上で、政権アジェンダに影響を与える現実路線に傾きました。原理的なサンダース信奉者はこうした方針を、国民皆保険などの信念が実現できず妥協だと抵抗しましたが、それでもサンダースは指名獲得なしに党綱領と政権人事に一定の影響を確実に与える党内改革の方程式を確立させました。

ただ、バイデン政権ではサンダースの影響は内政と貿易政策にとどまり安保政策には及んでいないのも事実です。二〇二四年民主党大会でハリス陣営が心配したのは、サンダースらが対イスラエル政策への痛烈な批判を展開して抗議を盛り上げることでした。オカシオ＝コルテスがハリスを戦略的にあえて誉め殺し的に持ち上げて圧をかけ、ハリスが指名受諾演説でガザにも触れたことでその時点では逃げ切った形ですが、反トランプの接着効果が終わればこの問題は早晩、火種化します。

アメリカには第三候補は生まれないのですかとよく聞かれます。分断しているんだったら、真ん中が出てきたら人々はそれを支持するのではないのですか、と。そうならないのは割れると相手側を利し、かえって保守化、左傾化の手助けをしてしまうからです。結果としてトランプ的なものが共和党を、サンダース的なものが民主党を席巻することにたどり着いた。アメリカの政党のあり方が特殊なものであるがゆえの帰結です。

西山　第三運動みたいなことをやっていた人たちが党を変革しようとし、ある意味党を乗っ取ったのですよね。政党がこれほど解放的な性格を持っている国は、先進国の中ではアメリカしかないと思います。民主党はサンダース的な人々が、共和党はトランプが乗っ取ったというのは、かつての二大政党のエリートの居場所がなくなったことも意味します。そのような動きを支持する有権者もいますが、それに批判的な有権者ももちろんいます。すると、支持するべき候補を見つけることができなくなった穏健な有権者の間で政治不信が強まるのも当然でしょう。

ただ、そういう状況のなかで、中道の第三の党が出てくるかというと、二〇二四年選挙では二〇〇〇年選挙で民主党副大統領候補となったジョー・リーバーマンと、前メリーランド州知事のラリー・ホーガン（共和党）が中心となったノーレーベルズという政治集団が当初注目を集めましたが、結局ダメだったわけですね。期待されたジョー・マンチンが出馬せず、ホーガンも上院議員選挙に出馬し、リーバーマンも死んでしまいました。これは、第三の政党に勝ち目がないこと、二大政党のいずれかが勝てるような仕組みになっていることが大きな原因だと思います。ヨーロッパでポピュリスト政党が出てきたのは欧州議会選挙が比例代表制だったからという点が大きいですが、アメリカでは連邦の選挙はすべて小選挙区制で実施されます。第三の候補が大統領選挙の候補者名簿に名前を載せるためには、ある程度の数の州民から署名を集める必要がありますし、その規則も州ごとに異なります。選挙資金の問題などさまざまな理由があり、第三党が有力になりにくい状態になっているのです。

ただ二〇二四年大統領選では、意外と第三の政党・候補が出てきているのですよね。しかし、有権者が望んでいる中道の第三党は潰れて、二大政党よりも極端な立場をとる政党や候補が出てきています。それが不思議なことに、世論調査で一〇％以上取ってしまうのです。これは多分に既成政党に対する不満が表明された数字で、実際の支持率ではないはずですが、本当にこれで大丈夫なのだろうかという気にさせられます。

有権者の合理性と選挙デモクラシー

西山　先ほど前嶋先生が九四年のギングリッチで選挙の手法が変わったと指摘されました。近年では、政治家のレベルの変化だけではなくて、有権者の意識や行動も変わってきた気がします。政治学では伝統的に、有権者の投票行動は合理的だと想定してきました。自己利益を考えて、どこに投票するべきかを考えるというのが一般的な想定でした。掲げられている争点や選挙公約を見て前向きな投票をするか、過去の政権のパフォーマンスを見て回顧的に業績投票をするかの違いはあるけれども、基本的に有権者は合理的に、自己利益を最大化しようとして投票するのだという話でした。

しかし、今の有権者の行動は多分そういう感じではない気がします。例えば、二〇一六年選挙でトランプに投票した白人労働者層は、合理的に考えれば当時であれば民主党に投票してもよかったはずです。また、二〇一六年選挙について、緑の党のジル・スタインがいなければヒラリー・クリントンが勝ったという人もいますが、スタイン支持者もヒラリーに投票してミシガンでヒラリーが勝っていれば、彼らの要望はかなりの程度実現したはずです。もちろん、昔からそういうところはありますが、全般的なトレンドとして、有権者も自己利益を追求するというよりは、気に食わない人を叩いてくれる人に票を投じて、溜飲を下げるという傾向が強くなってきている気がします。

日本政治では、敵を悪魔化して叩いて満足するという動きは政治家のレベルでは起こっていて、国民がそれに冷めた目線を向けるという傾向があるように思います。多くの国民は、実際に必要なのは政策とその実行力だと考えています。しかし、アメリカの場合、政党と有権者の距離が近いので、熱心な政党支持者ほど、そういう感じになってしまっている気がします。ギングリッチの時だと、政治家レベルでの動きが中心だったのが、有権者レベルに拡大してしまったということかと思います。

前嶋　ラジコン政党と第三政党、興味深い話です。今後、トランプが引退したりしたら、今後の共和党をトランプがラジコン的にコントロールするのかもしれません。

先ほどの有権者は合理的であるかどうかという話は、分極化の時代、なかなか複雑です。「有権者はバカなのかどうか」というV・O・キーの有名な論文がありますが、有権者は争点ごとにしっかり選択をしているため、「有権者はバカではない」いうのがキーの結論です。ただ今ではその前提がずれてしまっていて、選挙に出る方も感情的分極化を使って、イメージで、怒りを高めて勝つんだとなってしまっています。「合理的な有権者」というのは、今のアメリカを見ると、あてはまらない。

これは「分断+僅差」の問題で、第一一八議会では上院を見ると民主党（統一会派の無党派を含む）五一議席対共和党四九議席。バイデン政権の最初の二年間の一一七議会では民主党（同）五〇議席対共和党五〇議席で、形上の上院議長が副大統領なのでかろうじて民主党が多数派でした。民主党大統領で、上下院、かろうじて民主党が多数という統一政府なので物事が動いたけれど、一一八議会では下院の多数派が共和党になり、分割政府になったため議会での議論が全く動かなくなってしまいました。

全く動かないから、「分極化+僅差」は病理です。僅差だから、向こうが主張することは全く納得できない。「俺たちの民主主義とあいつの民主主義は違う」ということになる。真ん中を失ってしまった時代なので、選挙を仕掛ける方、選挙産業にしても、感情的分断化を前提にどんどん煽れば有権者が動く。そして、有権者が合理的でなくなっている。選挙デモクラシーというのは、魅力的な新しいアイディアが出てきた時にみんなで応援して、それで選挙で勝ったらそれを運用するのだけど、うまくいかなかったらまた別の政策を採用するというサイクルのはずですが、このサイクルがもう止まってしまっている。二つのアイディアがあって、その二つのアイディアのどちらがいいですか、にしかならない。相手を悪魔化する流れになっている。
そう考えると選挙デモクラシーの理念は昔のアメリカに当てはまったのだけれど、今のアメリカには当てはまらない。選挙デモクラシーを核としてきたこれまでのアメリカでの政治学の議論そのものの危機かもしれません。

西山　政治学の中でも、熟議民主主義の論者は、自分の意見を明確に述べるだけでなく、他者の異なる意見にも真摯に耳を傾け、納得したり自分の誤りに気づいたら自らの意見を修正する、という過程を通して、よりよい民主政治を実現することができると指摘してきました。しかし、今日のアメリカでは異なる意見は批判の対象であって真摯に耳を傾けるものではなくなり、立場の異なる者同士が向き合うと違いが顕在化するという状態になっていますね。

選挙戦における「貸し借り」

渡辺　選挙デモクラシーの話でいうと、やっぱり選挙は勝ち方がすごく重要で、どれだけどの筋に借りを作ったかがポイントになります。運動家とか利益団体は、自分たちが勝てない場合でもどれだけ貸しを作るかを大事にしてきました。予備選挙、アウトリーチ、宗教活動などはその現場です。いい面としては、マイノリティや周辺にいる人たちが自分たちの候補を勝たせることはできないとしても、政策を政党に飲ませて、反映させていくプロセスになっています。予備選挙制度はアメリカ的な民主主義の多様性確保や草の根の反映には価値があったと私は理解しています。
その一方で、あまりにも弱い候補、本来は勝てるレベルではない候補が貸し借りのゲームに利用されることで勝ってしまう場合もあります。バイデン＝ハリスは、そもそも選挙に弱い二人組でした。バイデンは何度も大統領選挙に出ています。私は議会で九九年に上院側の外交委員会もカバーして報告をあげる仕事を下院議員事務所でしていた時にバイデンに会いました。当時のバイデンは外交の鬼で、共和党側のタカ派ジェシー・ヘルムズが国連分担金を払わないので、私が払わせますと委員会で勝手に約束したりした。奇天烈な感じが面白い熱い人でした。二〇〇八年の大統領選挙の予備選でも、アイオワで大豆とかトウモロコシの農家の人たちにイラクの三分割案の詳細なメモランダムを配るわけですよ。農家の方々はポカンとしていた。しかしバイデンは、ひたすらミロシェビッチとこんな交渉をしていたという外交交渉の武勇伝を語っていた。今の自我がないかに見える不安定さとは違う意味の元気な不安定さだった。ただ、とにかく選挙に弱い。私は亡くなったバイデンの息子さんとつながりができたので、バイデンに「そうか、日本から来てるのか、面白い」とキャンペーンに密着させてもらったのにすぐ惨敗してしまった。アイオワで惨敗しニューハンプシャーにも行けたことはなかった。ハリスはもっと弱くて、二〇二〇年のアイオワでは私はハリス陣営にも密着しましたが、選挙中にキャンペーンが崩壊して突然撤退。支持者からもスタッフにも大変なブーイングで総スカンでした。党員集会当日まで候補者の名前を残すことすらできなかった。自滅です。

バイデンは二〇二〇年はアイオワで本当は『デモイン・レジスター』紙の直前世論調査で最下位の六位だった説がありました。ブティジェッジの名前を世論調査員が一部の地域で聞き忘れたことを理由に、世論調査自体を公表しなかった。予測度が高い名物の直前調査なのに異例です。バイデン陣営が差し止めたのではないかと陰謀論も流れました。いずれにせよ、そういう噂が立つぐらい辛勝だった。このままだとウォーレンかサンダースの政権になるぞという危機感が、中道派だけではなくて、伝統的リベラル派にも生まれた。彼らを応援している人たちをバイデンに取り込まなきゃダメだと、あらゆる政策で折れに折れたという感じでした。「レインボー・ホワイトハウス」にするしかなくて、報道官はマイノリティにしろとか人事も含めてサンダース派の好みを逆算してデザインした。そしてMeToo運動が起きた。だからハリスの選択というのも、当然実力に関しては疑問符はあったのですが、そのあたりの事情です。バイデンは、全米を揺るがしたアニタ・ヒル事件（セクシャルハラスメントで最高裁判事候補だった上司を訴えた）の十字架を背負っています。当時、司法委員長として彼女に冷たかったと女性から目の敵にされた。二〇二四年はバイデンが周りの説得にもかかわらず、中間選挙で勝ったことで俺が出ると言い出したことが発端でした。中間選挙で勝ったのはバイデンのおかげではなくて、ロー対ウェイド判決の人工妊娠中絶問題が争点化できたから勝てたのですが、バイデンは自分のカリスマで勝てたと勘違いした。周りがご乱心を止めようとしても聞かない。で、バイデンが、自分が出るからには、絶対カマラを降ろすなと。この政権は非常に稀有なことに、キャンペーンの時の「バイデン＝ハリス」の正副大統領の呼称を政権でも引きずった。異例です。絶対にバイデン＝ハリス政権と言えとプレスに厳しく制限を課して、とにかくハリスを盛り立てた。やっぱりバイデンの腹積もりの中に、自分にもしものことがあったら、その時は自分がアメリカ初の女性大統領を誕生させる、ある種の英雄になって、自分が女性にしてきたことのカルマの解消になるみたいなところがあった。

そして、カマラ・ハリスですが、女性大統領の誕生への悲願は民主党に強く、その願いを結集させたのがヒラリー・クリントンでした。しかし、オバマが強運の持ち主なら、ヒラリーはひたすら運が悪い。邪魔者や障害に妨害される運命にあった。連邦上院議員になるときこそモニカ・ルインスキーと夫の不倫が同情され、ニューヨークから落下傘候補で出ることができた。私はそのキャンペーンを民主党内部で担当した当事者でしたが、ニューヨーク全土を回る行脚で半信半疑の人がなびき始めた。よき母、妻で、堅物イメージと違うと。大統領夫人時代は医療保険に口を挟んだことで叩かれ、その後夫に迷惑をかけないよう、政権の安定のためにじっとしていた。共和党ジュニアーニ市長と対戦するはずが彼が急病で降りて漁夫の利を得る。議会でのヒラリーへの期待はどんどん高まった。しかし子どもの権利の弁護士で本当は人権に関心があるのに、軍事委員会に入り、顧問の助言通りタカ派的に投票した。そんな矢先にイラク戦争に巻き込まれます。

二〇〇八年の大統領選挙が照準でしたがオバマという新人に敗れます。二〇一六年が最後のチャンスでしたがＴＰＰ問題がネックになり、環境問題、労働問題、消費者団体という民主党の三大重要活動家集団が、それぞれ別の理由でＴＰＰに激しく反対。オバマ政権が中国封じ込めの戦略的な含意もあって仕込んだＴＰＰでしたが、ヒラリーは大統領になれば絶対賛成に転じるだろうとサンダース支持派の落選運動の妨害を受ける。それに加勢する形でトランプがＴＰＰに反対しました。また、家族支配の「王朝」問題も運が悪かった。民主党の夫婦支配、共和党側の親子、兄弟独占はもう我慢できないと、国民は感じていた。特定の家族でホワイトハウスを独占するのが民主党、共和党両方で起きそうになり、エスタブリッシュメントにはご退場願いましょうということで、トランプ運動が活性化した。ジル・スタインの敗退もその一つの流れだと思うんですけども、ヒラリーは反エスタブリッシュメント運動で葬られた。

初の女性大統領に資質的に期待された人間が潰された後、では誰が女性初の大統領になるのかが迷走す

民主党全国大会で指名受諾演説をするカマラ・ハリス、2024年8月（撮影：渡辺将人）

る。カマラ・ハリス問題は、この文脈から考えないといけない。ナンシー・ペローシやダイアン・ファインスタインという重鎮級の女性議員も大統領を目指しませんでした。しかし、ヒラリーでないのなら、バーバラ・ボクサーとかダイアン・ファイスタインとかナンシー・ペローシという女傑たちではなく、なぜポッと出のカマラなんだという嫉妬を、ブーマー世代の女性活動家は抱いた。私も女性議員ばかりに仕えてきてハリスへの評価の複雑さはよく耳に入りました。構造的に厄介な問題で、第二波フェミニスト運動以降の女性の思いがあったからこそ、カマラは許せないという反発が起きてしまった。ハリス自身のマネージメント問題もあって、彼女の事務所はコロコロ人が辞めて、辞めた人がみなプレスに悪口をリークした。しかし、バイデンが辞退すればハリスが大統領候補を務めるのは既定路線だった。バイデン陣営も民主党の政治関係者も、新しい候補擁立でトランプに勝てると思っていなかった。バイデンの知名度と、現職の集金力でないとトランプには勝てない。それを全部引き継げるとしたら、制度的にはカマラ・ハリスしかいない。ぎりぎりまでバイデンも降りず、バイデン擁護を維持することで、ハリス支持に乗り換える圧が自然に実現した、という状況でした。ただ、それまでバイデンは絶対に倒れない、高齢だけれど絶対に認知機能は崩れないという希望的な観測から、ハリスへの訓練は限定的だった。

移民政策で失敗して以来、ハリスを使うと危険だということで「ホワイトハウスの中のクローゼットに閉じ込めていた」わけです。当たり障りのないことだけやらせてきたので、突然、外交の荒波に出されてやれイスラエルだの中国だのとなればハリスには酷になる。無論、ある日突然自分がやらないといけないとなった時に、それこそドラマ『サバイバー』ではないですけども、尻に火がついて、責任感を感じて覚醒するのではという見方もあった。ともかくトランプだけは絶対嫌だというせめぎ合いの中で、ハリスを盛り立てる方向に民主党もメディアも急旋回しました。

二〇二四年大統領選挙の新しさ

西山　二〇二四年大統領選挙は、これまでの選挙と比べて多くの特徴があります。先生方はどの点に注目しておられますか?

渡辺　トランプみたいに大統領選挙に再出馬する元アメリカ大統領は歴史的にそんなに多くありません。ヴァン・ビューレン、フィルモア、グランド、クリーブランド、セオドア・ローズヴェルト、フーヴァーですね。前回が八四年前の一九四〇年ですよ。六名のうちクリーブランドだけが再び大統領になることに成功して、ほか全員、党の指名獲得すら失敗しています。

ただ、バイデンが大統領選から撤退したことで同じ候補の組み合わせの再対戦のリマッチは幻に終わりました。ジョン・アダムズ対ジェファーソンに始まって、ジョン・クインシー・アダムズ対アンドリュー・ジャクソン、マーティン・ヴァン・ビューレン対ウィリアム・ヘンリー・ハリソン、クリーブランド対ベンジャミン・ハリソン、マッキンレー対ジェニングス・ブライアン、アイゼンハワー対スティーブンソンという前例がありました。一九五六年以来、二〇世紀以降初めての大統領現職と元大統領のリマッチになるはずでしたが、その珍しさが別に話題にならないぐらい、バイデンへの不安は民主党内でも高まっていたし、共和党も予備選が無風でした。

事実上トランプが現職候補として出たことによって共和党で撤退者が続出し、結局まともな戦いにならなかった。民主党側でも分裂が起きず、大統領への手強い内部挑戦者が出ないから、これもハリスを鍛えなかった一つの理由でした。民主党で早いうちにバイデン降ろしが本格化していれば、予備選挙が本格的に行われて、何があっても納得感があった。選挙とは有権者に最終的な納得感を与える儀式みたいなところがあります。クローズドドアで決まるのは納得いかない人もいる。

本選で敵政党を倒すための自分の政党の候補者の盛り上げのブーストを受けた状態での評価と、予備選の選択肢が広くある状態での候補者評価は別です。真の実力や評価は自分の政党内でも批判に晒される予備選。トランプの二〇一六年でも本当の事件は予備選での勝利でした。本選になれば、相手の党憎しで、自分の政党の候補者が頼りなくても、渋々の気持ちを隠蔽して支える。それが二大政党の本選です。だから、予備選をバイパスして本選から現職副大統領として党の選挙戦マシーンのレールに乗って神輿に担がれれば、誰だって輝きます。本選までいけば誰もが五分五分です。二大政党の集金マシーンと最強の選挙コンサルタントとスピーチライターが結集して全部面倒見てくれますから。しかし、選挙とは本来、有権者に最終的な納得感を与える儀式みたいなところがあります。予備選なしに候補者が決まるのは、本当は望ましくない。その候補の実力が可視化されなくなってしまう。

二〇二四年大統領選の緒戦を定義したのは意外にも外交です。イスラエルがゲームチェンジャーになった。通常、外交は選挙には関係しない。二〇二三年九月ごろはワシントンでもシカゴでも、どの外交当局者やバイデン政権の関係者と話しても、外交課題は一にウクライナで、二に中国でした。ところが、ハマスのテロが起きた。イスラエルのネタニヤフは言うことを聞かない、プーチンは話ができない、コミュニケーションできるのは習近平だと。一一月にサンフランシスコ会談があって、いろんな球を仕込んだように見せかけ、事実上の米中対立は棚上げでした。大きな変化は起こさせないことを習近平側と裏ですり合わせていた。頼清徳が台湾で一月に総統選で勝った時も、ホワイトハウスでプレスに向けてバイデンが誰も訊いてないのに「独立は認めない」と発言。前もって言うことになっていたわけです、北京に向けて。習近平との「握り」で台湾に対してもずっと歌舞伎でした。中国が攻めてきたら台湾を守るのかとCBS記者が聞けばイエスとバイデンは言いますが、ホワイトハウスにせよ国務省にせよ、オフィシャルには「一つの中国」ポリシーは変わらないと火消しにまわる。台湾を従来よりは守る立場を鮮明にしつつ、エスカレーションをさせない。非常に皮肉でしたが、バイデンは自身の認知的な問題で間違って発言したのかもと思わせられた。北京へのエクスキューズと面子を保つには絶好でした。ペローシ訪台と同じレベルの演習を形の上でやるけれど、米中対立は休戦だったので共和党予備選で対中強硬を売りにしたヘイリーが目立てなかった。民主党内では反戦勢力がバイデン政権に対してどんなに不満でも、やはりトランプという民主党内を結束させる接着剤には勝てない。トランプを止めるために、バイデンのイスラエル支援策は気に食わなくても堪えた。トランプを止めるために「トランプに勝てる現職」という理由だけで高齢のバイデンを降ろせなかった、トランプが選挙前の民主党のすべての判断の基準です。民主党の結束自体がトランプ頼みです。民主党内では新世代のＡＯＣ（アレクサンドリア・オカシオ＝コルテス）みたいな人たちと伝統リベラルのバトルもあるし、カトリックと女性のバトルもあるし、色々なバトルがあるなかで、トランプが共和党候補になったことを利用して民主党の戦意高揚を狙いました。ヘイリーやデサンティスあたりが若手の候補者になっていたらまた違う構造になっていました。

前嶋　二四年選挙は、結局やはり「トランプが大好きか大嫌いか」という選挙なんだと思います。感情的分極化の極みです。ただ、六月末のテレビ討論会でトランプはバイデンに、「お前はパレスチナ人だ」なんてよくわからない言葉を浴びせた。「お前はパレスチナ人だから、福音派を中心とする徹底したイスラエル支持をしない。とんでもないやつだ」という支持者へのメッセージでした。支持者はさらにトランプに結束する。一方で、「トランプになったら二国家共存という原則を捨てる」というメッセージもあり、民主党側も嫌悪感を募らせる。

あと、やっぱりそもそもの予備選段階で地元の党の主導部の意向が反映される党員集会でなく、完全選挙の予備選にしていくという一九七〇年代から始まった大改革も、「分断＋僅差」という病理の中で過激な候補を生んでしまうところがあります。

予備選の本格導入などの党大会の代議員改革については、七〇年代のいろいろな研究があります。有名なのが後に国連大使にもなるジーン・カークパトリックの研究があって、民主党は代議員の一部をクオータ制にして、女性枠、黒人枠、若者枠というのを入れていた。これが民主党を弱くしているという分析でした。透明性や多様性が民主党を弱める部分に光をあてた保守側からの分析でした。「ラジコン政治」の分析の走りかもしれません。

もう一つ、現在のアメリカの統治の難しさを分析した有名な研究にセオドア・ローウィの『パーソナル・プレジデンシー』というのがあります。選挙PRでは「あなたのパーソナルな大統領」ですが、当選したら自分の身近な人ではなく、どうしても遠い存在になるのは当たり前です。バイデンはあなたの大統領でないのに私の大統領のような気がするので、バイデンがきちんとやってくれないと余計頭にくるという話です。勝手にみんな勘違いしてしまう。二〇年のトランプも二四年のバイデンももっと現職の有利性があってもいいのに、全くなかった。

分断は克服できるのか？

西山　今日、アメリカの政治社会が分断していることがさまざまな問題の原因となっていますが、「分断を乗り越える方法はあるんですか？」とさまざまな所で聞かれます。

分断を乗り越える可能性がある要因として、よく指摘されるものに三つあるように思います。一つ目は、疫病、戦争、テロなどがあれば、国家が団結するだろうという話です。しかし、コロナ禍でも、イラク戦争でも、分断は克服されず、むしろ拡大しました。九・一一テロ事件の際も、一時的に団結しましたが、その後はダメでした。これらの要因で分断を乗り越えることはできそうにない気がします。

二つ目の要因として指摘されるのが、世代の問題です。アメリカのZ世代は今までと違うので、彼らの影響力がだんだん大きくなっていけばアメリカは変わると指摘する人がいます。ただ、世代の性格が高齢になってもそのまま変わらなかったのは、ベトナム反戦運動の時ぐらいしかありません。これまでミレニアル世代がアメリカを変えるというような議論も出されましたが、数年たつと忘れ去られてしまいます。

Z世代の特殊性のようなものがあれば別ですが、あまり明確な根拠があるようにも思えません。

三つ目に言われるのは、人口動態の変化です。マイノリティが増えていくと、共和党も変わらざるを得なくなると言われます。実は昔新書を書いた時、それっぽいことを書いたのですが、結局二〇一六年、二〇二〇年を比べると、トランプに投票した中南米系や黒人は増えているのです。マイノリティも徐々に変わってきていて、保守的な価値観を持つ人も増えている。そういうことを考えると、あんまりそれも楽観視できないという感じがします。

先生方は、今のアメリカの分断を乗り越えることができるきっかけみたいなものはあるとお考えでしょうか。

前嶋　私は、最後の三つ目は実はポイントかと思っています。マイノリティの共和党支持者は、白人至上主義ではないので真ん中に向かうベクトルを生みます。あと民主党側については、切り取ったデータなどを見せ「共和党は労働者の党だ」「民主党は富裕層の党だ」と主張する保守系の「アメリカン・コンパス」というやや怪しげな新しいシンクタンクがあります。ただ、もし、共和党支持で減税を主張していた富裕層が本当に民主党を支持するなら、所得再分配で「どうぞ俺のお金を使ってくれ」といっているようなものので、真ん中に進むベクトルです。

分断はこれ以上進みようがないため、少しずつまあまあ真ん中に行くんじゃないか。ちょっと時間がかかるかもしれないけど、人口動態やイデオロギーが変わっていくのではないか。

Z世代論ですがまだわかりません。第二次大戦前後の「偉大な世代（グレイテストジェネレーション）」は社会的な貢献や政治参加に熱心で素晴らしい人たちだった、という議論があります。アメリカの景気がよかったこともあるかもしれませんが、たまたまである部分も大きいと思います。一方で、だからベトナム反戦の時代の人たちはサンダースのようにずっと過激さを持ち続けている人もいないわけではない。ただ、それはまた特殊なケースのような気もします。

渡辺　分断の話でいうと、先生方もご案内のように、一般的には保守とリベラルの分断・分極化のことを指すわけですけれども、その二つの分極化とともに、その中に多くの小さな分断が存在していて、人種、エニスティ、信仰、ジェンダーとか、いろんなものがあるし、その産業とか、エネルギー的な立場とか、州とか、都市と農村とか、地理的な利害関係とかもあります。

二つの分極化が加速するというのは、見方によっては、本来であれば女性、人工妊娠中絶に関して相容れない女性とカトリックが、トランプを止めるために暫定的に理解し合うという連合を組んで全体が二つの大きな陣営に分かれていくことによって、小さなこの対立を暫定的に解消、ないしは棚上げしていくという作用があります。これはキャンペーンの一つの作用だと思うんですけど、敵味方に分かれて、その敵が大きいがゆえに中は結束するというのがあります。よい効果よりも、大きく二つに分かれてしまうというデメリットの方が大きいというのが現状ですが、一方で、分断がここまで深まらなくても、四年に一回ないしは二年に一回の選挙というものがあることによって、今は共和党を倒すしかない、民主党を倒すしかない、信仰上、人種上対立が党内にあるけれども、連合を組もうと。それで小さな分裂は暫定的に修復されてきた。この両面性がどうなっていくか。現場の選挙の人たちや有権者や活動家が分断は深刻だと言いながら生き生きしているのは、目先の、例えば昔だったらＬＧＢＴＱと黒人は相容れない。年配世代の黒人は黒人教会で敬虔な人たちなので、同性婚は容認できない。今でも息子がゲイだっていうのは認められないというような高齢者の黒人の方とかいるんですが、若い人たちは親世代のキリスト教の厳格なものから逃れて、ＬＧＢＴＱを母体にＢＬＭ運動を駆動する。黒人運動である以前に、実はすごく宗教的にくびきがあった黒人社会の中の新しいジェネレーションの発露の運動です。アメリカは大きな対立の中で、結束していく結束点みたいなものがあります。分断された個別のアメリカ人と統合的なアメリカの理念、そういうものでまとまっていくアメリカがあるとしたら、相互の作用もあり、両方を注視していく必要があります。

付け加えるとしたら、民主党の中にも経済格差とか階級問題重視のサンダースとアイデンティティ・ポリティクス派のＡＯＣは急進左派でまとめられがちなんですけど、割と考え方が違う。ここら辺の差もトランプによって蓋をされているだけで、トランプみたいな、すごく悪魔化される敵がいなくなったら、その相違は早晩吹き出てくる問題だと思います。

LGBTQ 運動のデモ（撮影：渡辺将人）

今は私が第一部で書いた暫定的な分類のように（第６章参照）、いわゆる「ウォークレフト」や急進左派も本当はサンダースとＡＯＣ派に細分化できます。政党への忠誠心が薄まっていくなかで、政権とか政党とかホワイトハウスは自分たちのアジェンダを通す道具になり、元来政党の力が弱いアメリカでさらに政党への忠誠心が薄れる。さらに第８章と関係しますが、外交の内政化、あるいは内政の外交への延長、左右両方にその傾向が顕著で、非関与主義への傾倒は止まりません。冷戦を経験していない、天安門事件も記憶にない、という諸要因が関係しつつ、明らかに社会主義的なものへの寛容さが左派の若い人たちに増えてきているのは事実で、全体主義なものに対するアレルギーがある社会での変質がトリガーになり、経済的にも再分配への動きが生じている。そのゆくえの全貌は見えません。だからこそトランプもTPPとか前の政権の政策を、オバマ政権の成果を潰していくことで有限実行の人になる。最高裁三人判事の指名でロー&ウエイド判決をひっくり返し、パリ協定を離脱してTPPを止めた。米朝首脳会談も尻切れですが、オバマが戦略的忍耐の名のもとに北朝鮮に触れなかったのも大きい。本来バイデンが対抗して建設的政策を打ち出せば現職対決は有利に運べた。バイデン周辺の話では銃規制法、チップス法、インフレ抑制法と二年で内政でやるべきことはしたと。結局二〇二四年選挙も、人工妊娠中絶をシングルイシューで活用することになる。

冒頭の話に戻ります。大きなアメリカのビジョン、それは全体的に非関与で普通の国になっていく、要するにイラク戦争トラウマのシンドロームの意外な強さ。ウクライナに対する支援の必要性、これは自由や民主主義のためなのか、アメリカの国益か。国民的に説得する必要がある。岸田総理の議会演説が後押しで法案が通ったと連邦議会の重鎮が引用するのは本来ならば異常事態で、分断していて賛成は得難くても、かくかくしかじかの理念でアメリカは支援すべきと理念を語らなければならない。イスラエル支援も、しがらみの悲壮感をアピールすることではもたない。バイデン＝ハリスが現職のアドバンテージをなかなか活かしきれていない面もあったのは「理念の提示なき政権」だったので、やはり強烈な個性や自我が欠けた政権なのは、比喩的にラジコン操作と申し上げた左派への「借り」の呪縛です。

前嶋　迷走の根本に分断はやはりある。何かというと、大きな変化を政治に期待できない状況になっています。社会福祉、所得再分配的政策、気候変動対策は民主党の統一政府なら一定程度進みますが、共和党の統一政府になった場合、大きなしっぺ返しを食らう。共和党の統一政府の下での減税や規制緩和も同じです。大きな理念を、新しく政策として導入するのは難しい。

アメリカ国民にとって政党は世界観そのものであり、民主党側と共和党側の理念がだいぶ離れてしまっています。それをみて、日本を含む海外からは大きな勘違いをしてしまう。われわれは勝手に、これでめちゃくちゃ減税のアメリカだ、気候変動のアメリカだ、みたいな感じに勝手にアメリカや世界の方向性をみようとしますが、そこは一部のアメリカでしかない。理念とともに世界を変えていった感じの第二次大戦以降のアメリカではない。これが「分断＋僅差」のアメリカの現実です。ただ、理念という変革のアイディアを提供できる国はアメリカ以外にない。

渡辺　アメリカは悪いことも含めて可視化されやすい性質があります。覇権的性質もあるし影響力もある。世界中に軍事基地がありそれに対する批判もある。他方でそのアメリカの問題をそこまで可視化させているのも、ジャーナリズムや言論の自由で、外からの取材にも慣れている。どうぞ世界に伝えてくださいと。優劣があるわけではないけれど、他の国、すべての国でこういうことができるわけではない。私のメディア時代の外交取材の主軸はアジアでした。一貫して担当した北朝鮮に関しては北京支局で、中朝絡みの仕事をしていた時期もあります。北朝鮮には数回滞在しました。報道の自由がない国では本当に内部からの可視化は極めて限定的です。テクノロジーの進歩で真偽不明のものがデジタルで飛び交う中で、過激なものもディスインフォメーションも、アメリカは現地で独自に確認することができる社会です。両方を経験するとひしひしと感じます。ラストベルトでもアイオワでもトランプ支持者に会って記者は取材しますが、トランプ支持者が外国人には語りたくないなどの反応を示すことはまずなくて、自分たちの主張を堂々と話す。アメリカのオープンな部分の真髄は、組織としてのメディアの優秀さより、アメリカ社会が言論の自由に党派を超えて絶対の価値を認めている土壌にあります。

また、大統領に求めるものの変化も一つの指標かもしれません。アメリカの大統領はイギリスの国王と首相を併せたような存在で象徴性も強い。ブッシュ時代にイラク戦争で世界に嫌われ、アメリカの善の証明を目指して、人種的マイノリティ属性の大統領を誕生させたことがアメリカの国際評価の復活になった。オバマ後、女性、中南米系、アジア系などの誕生は時間の問題だと思うのですが、難しいのはムスリムの大統領で、キリスト教国家のアメリカとしてハードルが高い。リベラルなカトリックの人でも乗り越えられるのかどうか。アメリカがどんな属性、信仰でも、無宗教、無神論者でも大統領になれることを証明したら、徹底的に透明な、それこそ開かれたアメリカになるだろうと。アメリカの国民のコンセンサスは大統領に投影されますが、どのサイズを目指しているのかが鍵です。

多様性過剰などと言われたオバマですが、オバマの評伝（『大統領の条件』）で取材した時にいろんなタブーにぶち当たった。パキスタン人とニューヨーク時代にルームメイトだったけれど、あんまりそのことは書きにくい空気はありました。またオバマの父方が黒人だということばかり強調する動きがあって、小学校時代に暮らした継父の故郷のインドネシアはイスラム教の国でもあるのでホワイトハウスも触れたがらない。インドネシアにオバマが行った時、スカルノハッタ空港に大統領専用機が着いてから去るまで延々と現地メディアは中継していた。ＣＮＮは中継しません。ＵＳのプレスが行っているのですが、アメリカ国内では報道をあまりさせたくない。どう目立たせず、小さく見せアメリカサイズに収めるかの演出に側近が心を砕いた八年間で、果たしてオバマみたいな非アメリカ的な人が、せっかく大統領になったのに、それを素直には表現できない。

「気持ち」リベラルなアメリカが求めるサイズに、オバマ自身が自分の本当の経歴をちょっと偽装して収めていく。批判もあるし、私もそういうオバマに反感もありますが、アメリカが求めるサイズに収まることが大統領職なのだとしたら、彼はそれを忠実にやっていたので仕方がない。

二〇二一年一月二〇日、大統領就任式で司会のクロブシャー上院議員が、宣誓に臨むハリス副大統領を「初のアフリカ系、アジア系、そして初の女性副大統領のカマラ・ハリスを祝福します」と紹介しました。実際、連邦議会が刊行する『アジア系政治家名鑑』にはハリスはアジア系として登録していて、アジア系の間では紛れもなくインド系の上院議員でした。ハリスの人種が二〇二〇大統領選まで問題視されなかったのには、黒人大学のハワード大学に進んだこと、カリフォルニア州というアジア系の多い多文化的地域を地盤としていたこと、ジェンダーという別の重要なマイノリティ記号を背負っていること、外見上は褐色でさほど黒人として違和感がなかったことが絡んでいます。ハリスと一〇年以上の長い付き合いの黒人仲間はアジア系のルーツを知らなかったそうです。属性の違う友人ごとに違う顔を見せてきたのはオバマと瓜二つの処世術です。二〇二〇年大統領選は黒人候補を強調しました。二〇二四年民主党大会は、ハリスを黒人政治家として完全に定義することが目的の一つでした。国歌斉唱の子どもたちから、公民権活動家、著名テレビ司会者やセレブリティまで黒人で固めました。インド系女優に料理ネタをいじらせる程度のガス抜きはありましたが、インドどころかアジアも遠ざけてしまい、あるアジア系議員が演説依頼を陣営に土壇場で白紙にされたことがアジア系内では物議を醸しました。これ自体はトランプによる誹謗中傷がまったく嘘というわけでもない。政治家ハリスが公式に黒人アイデンティティを優先することに不満を持つアジア系は少なくないです。この問題が解決しないのは、アメリカが単一属性を選ぶことを強要する社会だからです。マルチを建前として称揚するリベラル内でもマイノリティは英雄の帰属性を争う。オバマは「シカゴ黒人だ」「ハワイとインドネシアのアジア太平洋人だ」と元親友らは罵り合っていた。ハリスのインドとジャマイカの二重ルーツも根の深い問題です。

西山　オバマまでは一応「国民の大統領」って言ってたんですよね。でもトランプは自分の岩盤支持層にしか向かない感じになって、バイデンで元に戻るかと思ったらどうもそうではなくて、民主党支持者＋白人労働者層だけという感じになって、右の方には全然向かなくなった。大統領というものの位置づけが全く変わってきているのは間違いないですね。

渡辺　分断の修復の可能性があるとしたら、再選断念や中間選挙大敗北を織り込んで、法案も頓挫し政策面ではレームダックになるけれども、オバマが口だけで終わった統合をバイデンが本気で訴えるならば可能性はあります。彼は元々中道の人で統合の立役者になれる可能性は皆無ではなかった。

共和党のトランプ党化を少しでも巻き戻して共和党穏健派を引き寄せる効果を目指すならば、サンダース派のラジコンになりきらずに、バイデンが自我を発揮して中道の統合性を訴える演説や政策を任期中に早い段階で訴えるべきだった。ただ、皮肉にもサンダース支持者は「十分にバーニーの政策を受け入れていない」と満足していない。誰もハッピーになっていない中途半端路線です。左派になりきれないなら、トランプの害悪にわれわれは目を奪われます。民主党側が大統領のリーダーシップでどこまで分断を是正する統合を優先できるのか。少なくとも大統領は相手攻撃ではなく統合する必要があるとシンボリックに示し続ける必要があったと思うのです。完全にトランプを悪魔化して左派の政策を丸呑みするだけでは真ん中は抜け落ちていく。中間層外交など、白人労働者のために自由貿易協力は二度とやりませんというだけで、政策の中身は空洞でした。

前嶋　やはり最後は民主主義の国なので、アメリカの変化はアメリカの人口動態や世論の変化で説明できる部分が大きいかと思います。例えばムスリムは人口一％行かないかどうかで、これが欧州諸国と異なるところです。下院議員にはブラックムスリム、パレスチナ系、ソマリア難民の三人のムスリムがいますけど、人口比から言ってもその構成比率はやっぱり多くない。だから、自分たちの住んでいる周りには存在しないため、ムスリム的なものに対して、保守派からは嫌悪感に近い感情が生まれる。

二〇一六年の民主党大会で「アメリカはようやく良い国になった」と演説したミシェル・オバマの言葉をめぐる保守派の反応がいまだに頭から離れません。保守派は過剰に思えるような反応をしました。「ようやく良い国に」が自分たちの存在を否定するというようにとらえたのかと思います。「なんだあいつは。奴隷の子孫め」といったひどい言葉がネットに蔓延しました。ケニアと白人のハーフであるバラクの場合、「黒人性が薄いのでまだ認めやすい」という極めて差別的な反応もありました。

私も何度も調査で同行した二〇〇九年からのティーパーティ運動については、減税運動という名前ですが、実際にはオバマへの人種差別の運動に近いものがありました。このようなことをみてもとても残念ながら「国民統合の大統領」ではなくなっている。その後オバマは二〇一二年選挙の段階ではかなり諦めていて、もう真ん中に行こうと思っていなかった。バイデンの中間層のための外交も、例えば気候変動対策は自分の支持者が喜ぶからという「自分の支持者が中間層」という論理となっていました。

世論の分断が激しいなか、冒頭で私が触れた、われわれが考えるようなアメリカの理想にはほど遠い現実があります。その複雑さはこの本の各章からも明確かと思います。

〈画像出典一覧〉

第Ⅰ部

・第1章：移民政策への抗議デモ「私の夫は税金を払っている移民だ」（Wikimedia Commons）

・第3章：ニューヨークの「BLM」デモ、2020年（同上）

・第5章：同性婚を合法としたオバーゲフェル判決の連邦最高裁判事たち（同上）

・第6章：オバマ勝利イベントに集まったミレニアル世代のアフリカ系若者たち（撮影：渡辺将人）

・第7章：キリスト教右派「信仰と自由の連合」の人々（撮影：渡辺将人）

・第8章：アメリカの労働組合は産業別組織が基本（シカゴのホテル従業員のストライキ）（撮影：渡辺将人）

・第9章：G7サミットで各国首脳と対立するトランプ大統領、2018年（dpa／時事通信フォト）

・第10章：G7広島サミットで首脳らと歓談するバイデン大統領、2023年（Wikimedia Commons）

第Ⅱ部

・ウォール街占拠運動、2011年（撮影：前嶋和弘）

・大統領選挙で民主党指名を目指したバーニー・サンダース、2015年（撮影：渡辺将人）

・民主党全国大会で指名受諾演説をするカマラ・ハリス、2024年8月（撮影：渡辺将人）

・LGBTQ運動のデモ（撮影：渡辺将人）

あとがき

近年では海外事情に関する情報が容易に入手できるようになり、アメリカ政治についても、多くの情報が紹介されるようになっている。だが、それらの情報の中には残念ながら首をかしげざるを得ないようなものも存在する。また、時事問題に関する詳細な情報は伝えているものの、アメリカ政治の基本的なメカニズムについて誤解があるために、結果的に適切とは言えない解釈をしている場合もある。本書の著者三人は大学や講演、メディアなどさまざまな場でアメリカ政治について質問を受けることが多いが、アメリカというのは知られているようで、実際は全く理解されていないという印象を共通して持っている。国際理解を真の意味で進めるためにも、アメリカ政治について、適切な解説が必要になるだろう。

本書の企画の発端は、慶應義塾大学出版会の乗みどりさんが二〇一八年二月に著者の一人（西山）の所に、政治学の学術的な研究成果を踏まえていながらも一般教養人が読むことのできるアメリカ政治の本を作成することはできないか、と相談に来られたことであった。そして、さまざまな可能性を模索するなかで、西山が「前嶋さんと渡辺さんに許可がもらえるなら、三人で共著を書いてみたい」と発言したことから、本企画が具体化し始めた。

著者の三人は、とりわけ二〇〇七年の秋ごろ（二〇〇八年大統領選挙がヒラリー・クリントン対ルドルフ・

ジュリアーニの構図になるのではないかと指摘されていたころ）からさまざまなプロジェクトにともに参加して信頼関係を築き、互いの洞察に敬意を持ち続けてきた。そのため、短期間で消費されてしまうような時事解説書ではなく、略歴に主著の一冊として書けるような、長期にわたって読み続けられるものを本気で作ろうということで合意した。そして、二〇一八年のアメリカ学会の年次大会の際に内容について議論を始め、後に乗さんにも加わっていただいて詳細な検討を行って、二〇二〇年アメリカ大統領選挙の前後の出版を目指すことになった。

あいにく、三名はとりわけ二〇一九年度以降、予期せぬ形で大学や学会関係の業務や家庭の事情に忙殺されてしまい、予定通り執筆を進めることができなかった。その後企画当初より四年が経過したため章立て等は見直さざるを得なかったものの、著者三人は情熱的に、楽しみながら執筆を続けることができた。その意味で、本書は、著者三人の知的友情の成果でもある。

本書は本質的なアメリカ政治の構造変動を描き出そうとするものであるため、短期的な政治変動があったとしてもその価値が損なわれることはないと著者は自負している。とはいえ、編集を担当してくださった乗さんは「果たして本当に本を出せるのだろうか？」と気が気でなかったことであろう。企画からスケジュール管理、表記の統一に至るまで、調整役を見事に務めてくださった乗さんに、心よりお礼を申し上げたい。

本書のうち、序論と第1章、第2章、第4章、第5章を西山が、第3章、第9章、第10章を前嶋が、第6章、第7章、第8章を渡辺が担当した（なお、西山担当部分は、二〇二二―二〇二三年度成蹊大学教員研修の研修成果の一部である）。それぞれの章は本書のために書き下ろしたものもあれば、各著者がこれまで執筆した文章を基にしつつ本書用に大幅に書き改めたものもある。著者がアメリカ政治に関する諸々の原稿を執筆する機会を与えてくださった皆様に、お礼を申し上げる。なお、各執筆者がこれまでに執筆した関連する文書の一部を別途リストとして掲載するので、本書の記述に関心を持ってくださった方は著者略歴に記した文献に加えて、それらを参照して探求を深めていただきたい。

本書が日本におけるアメリカ政治の理解の深化に資することができれば幸いである。

著者一同

二〇二四年八月吉日

2021年、149–168頁）

〔6、7、8章〕
渡辺将人『アメリカ映画の文化副読本 *A Glimpse of American Culture Through Film*』（日本経済新聞出版、2024年）
渡辺将人『大統領の条件—アメリカの見えない人種ルールとオバマの前半生』（集英社、集英社文庫、2021年）
渡辺将人『アメリカ政治の壁—利益と理念の狭間で』（岩波書店［岩波新書］、2016年）
渡辺将人『現代アメリカ選挙の変貌—アウトリーチ・政党・デモクラシー *Evolution of Modern Electoral Campaigning in America*』（名古屋大学出版会、2016年）
渡辺将人「アメリカ民主党の変容—バイデン政権が抱える分極化」『ワセダアジアレビュー』№24（2022年3月）14–20頁
渡辺将人「選挙・キャンペーン戦略の変遷と新技術をめぐる課題」久保文明・中山俊宏・山岸敬和・梅川健編『アメリカ政治の地殻変動—分極化の行方』東京大学出版会（2021年）

〈関連文献リスト〉

〔序論、1、2、4、5章〕
西山隆行「［アメリカ］政治不信の高まりと政治的分極化」成蹊大学法学部編『教養としての政治学入門』（ちくま新書、2019年）
西山隆行「アイデンティティ政治がもたらす分断—〈契約国家アメリカ〉のゆくえ」友次晋介・新井誠・横大道聡編『〈分断〉と憲法—法・政治・社会から考える』（弘文堂、2022年）
西山隆行「トランプ政権下における福祉国家・税をめぐる政治と『中間層』」高端正幸・近藤康史・佐藤滋・西岡晋編『揺らぐ中間層と福祉国家—支持調達の財政と政治』（ナカニシヤ出版、2023年）
西山隆行「分極化時代の連邦最高裁判所—その正統性をめぐって」笹川平和財団（SPF）アメリカ現状モニタープロジェクト、2023年10月26日、https://www.spf.org/jpus-insights/spf-america-monitor/spf-america-monitor-document-detail_143.html
西山隆行「米国におけるアイデンティティ政治—分極化と混迷の根底にあるもの」笹川平和財団（SPF）アメリカ現状モニタープロジェクト、2023年10月27日、https://www.spf.org/jpus-insights/spf-america-monitor/spf-america-monitor-document-detail_144.html
西山隆行「移民」「ジェンダーとセクシュアリティ」岡山裕・西山隆行編『アメリカの政治　第2版』（弘文堂、2024年）

〔3、9、10章〕
前嶋和弘「イスラエル・ハマス紛争からみるアメリカ国内政治、外交の変化」『海外事情』2024年3月、75–89頁
前嶋和弘「ウクライナ戦争とアメリカ—世論の変化と大統領選挙の行方」『東亜』2024年2月、2–9頁
前嶋和弘「文化戦争としての「トランプ党」現象」『外交』2024年1月、66–71頁
前嶋和弘「米国の政治・社会の分断と民主主義の課題」『安全保障研究』2023年10月、56–75頁
前嶋和弘『キャンセルカルチャー—アメリカ、貶めあう社会』（小学館、2022年）
前嶋和弘「トランプ政権の対中政策」納家政嗣・上智大学国際関係研究所編『自由主義的国際秩序は崩壊するのか—危機の原因と再生の条件』（勁草書房

執筆者紹介

西山隆行（にしやま　たかゆき／ NISHIYAMA, Takayuki）
成蹊大学法学部教授。東京大学大学院法学政治学研究科博士課程修了、博士（法学）。主要著作：『〈犯罪大国アメリカ〉のいま―分断する社会と銃・薬物・移民』（弘文堂、2021 年）、『アメリカ政治入門』（東京大学出版会、2018 年）、『アメリカ型福祉国家と都市政治―ニューヨーク市におけるアーバン・リベラリズムの展開』（東京大学出版会、2008 年）ほか。

前嶋和弘（まえしま　かずひろ／ MAESHIMA, Kazuhiro）
上智大学総合グローバル学部教授、アメリカ学会会長（22-24 年）。上智大学外国語学部英語学科卒、ジョージタウン大学大学院政治学部修士課程修了（MA）、メリーランド大学大学院政治学部博士課程修了（Ph.D.）。主要著作：『キャンセルカルチャー――アメリカ、貶めあう社会』（小学館、2022 年）、『アメリカ政治とメディア―「政治のインフラ」から「政治の主役」に変貌するメディア』（北樹出版、2011 年）、『アメリカ政治』（共著、有斐閣、2023 年）ほか。

渡辺将人（わたなべ　まさひと／ WATANABE, Masahito）
慶應義塾大学総合政策学部准教授。シカゴ大学大学院国際関係論修士課程修了、早稲田大学大学院政治学研究科にて博士（政治学）。米下院議員事務所・米大統領選支部・上院選本部、テレビ東京記者、北海道大学大学院准教授を経て、現職。北海道大学公共政策学研究センター研究員兼任。ハーバード大学客員研究員など歴任。『台湾のデモクラシー』（中公新書、2024 年）、『アメリカ映画の文化副読本』（日経 BP、2024 年）、『大統領の条件』（集英社文庫、2021 年）など単著 12 冊のほか共著・訳書多数。

混迷のアメリカを読みとく10の論点

2024年10月5日　初版第1刷発行

著　者――――西山隆行・前嶋和弘・渡辺将人
発行者――――大野友寛
発行所――――慶應義塾大学出版会株式会社
〒108-8346　東京都港区三田2-19-30
ＴＥＬ〔編集部〕03-3451-0931
〔営業部〕03-3451-3584〈ご注文〉
〔　〃　〕03-3451-6926
ＦＡＸ〔営業部〕03-3451-3122
振替 00190-8-155497
https://www.keio-up.co.jp/
装　丁――――Boogie Design
組　版――――株式会社キャップス
印刷・製本――中央精版印刷株式会社
カバー印刷――株式会社太平印刷社

Printed in Japan ISBN978-4-7664-2986-2

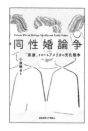

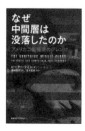

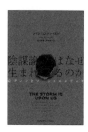